U0925255

◎湖湘文津

爱与快乐 不可替代

熊小平 欧小平 著

吉林文史出版社

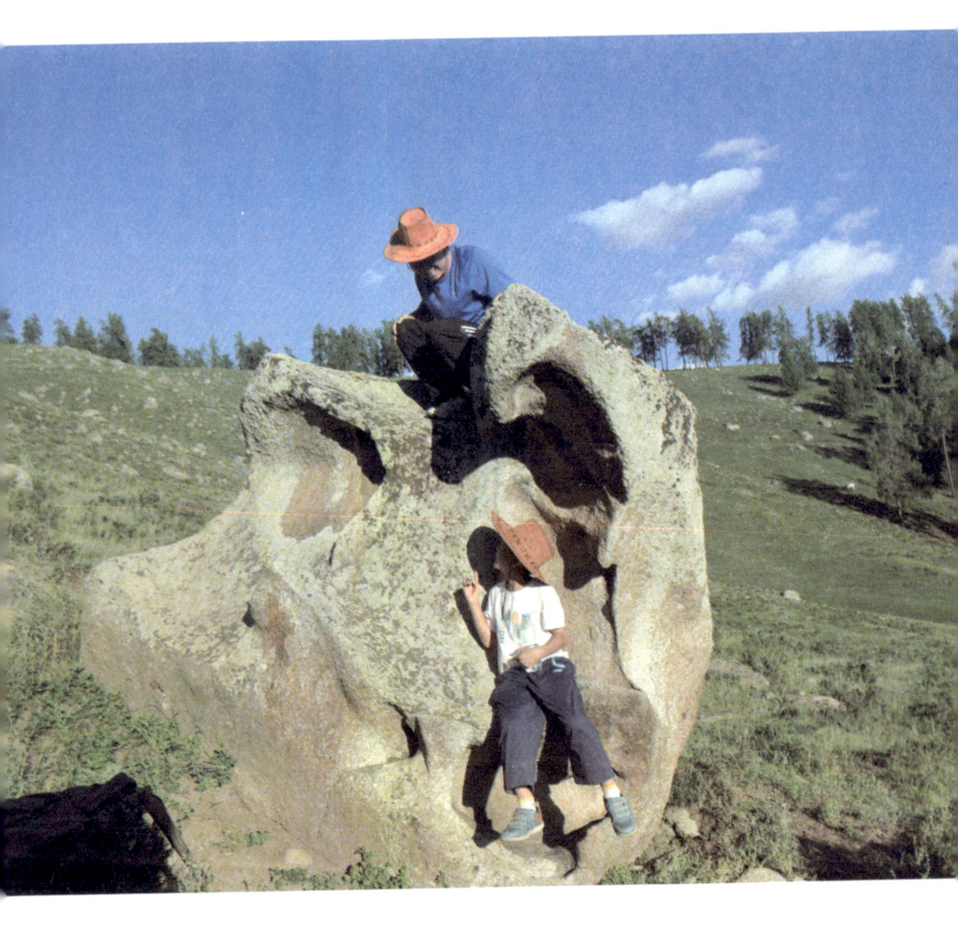

你是快乐的

我就是幸福的.

目录

前言

记录美好

人生至要，莫若教子。

人生至乐，莫若读书。

这是一本普通人的《爸爸去哪儿》，恰好结合了人生的“至要”与“至乐”。希望这两个体验，能够贯穿阅读本书的始终。

在这个日益喧嚣、忙碌、琐碎的时代，对很多人来说，驿站成为家，家成为驿站。很多不同的人在很多不同的场合表达：让脚步慢下来，等一等我们落在后面的灵魂。

《爸爸去哪儿》火遍大江南北，已经火到“4”了。有人分析“辣么火”的原因：节目正好呼应了社会对家人——尤其是爸爸“回家”的期盼。身为父亲，要更多地关心孩子的发型、服饰、运动、爱好、玩具、口味、朋友、语言、心情……我觉得，栏目也从另一角度呼吁人们尤其是爸爸们，生活节奏慢、慢、慢下来，“车、马、邮件都慢”，慢到可以跟自己的孩子一起从零开始学习购物、炒菜、玩泥巴，和童年时候一样，一年真的有很久很久……

但是电视出于传播特质的考虑，找的都是颜值担当的明星父亲，他们培养孩子的环境、条件、方式，一上来就是炫酷拽、高大上，鲜少复制性。其实明星们的育儿理念和方法，跟普通家庭还是有很大间距的——明星毕竟是明星，他们在镜头里的呈现，就算在农家山村旮旯，也难掩华丽堂皇范儿十足。

那些，于普通家庭来说，多么可望而不可及。

本书以生活散记的方式，完成了一本时间跨度9年多的《爸爸去哪儿》。文章从普通工薪家庭一位父亲的角度，做了对一个孩子从牙牙学语到十岁的生活记录，内容涵盖孩子的吃喝玩乐学、衣食住行思。所有素材全部原生：没有既定主题和脉络，也非为发表和稿费，还抛弃了写文章的套路和格式。所有文字，纯粹是时间这根藤蔓上栉风沐雨自然而然结出的果实，打开就可以发现章节词句里，那满溢的童心和盎然的童趣——单是童言童语就记录了118条。

所以全书生活味道浓厚，紧贴时令节气，随意链接社会热点冷门，总结感悟也信马由缰信手拈来。如果读来若有所悟，那亦是因为作者写来突有所悟！

陪伴孩子成长过程中，总会遇到各种问题。

大同小异的各种问题，在本书中基本能找到对应的思索支点。当然不能说这是育儿教科书，甚至在本书中找不到原原本本的理论。那些教育家，古的也好，今的也好，洋的也好，土的也好，庙堂的也好，江湖的也好，都没有在本书中现身。

对于所有这些问题，本书没有正襟危坐讲道理，没有提供标准答案。

每个孩子都不同，每个父母都不同，每个家庭都不同。

每个问题出现的时机、情境、方式都有不同。

所以针对问题的处理方式也必然不同。

本书只描述一些客观存在的秀美景致，只提供一些可供思考的观察角度，只给出一些可供参考的处理办法。比如怎么解释孩子的出生之谜；比如如何引导幼儿的“人生规划”；比如孩子渐长，不可避免遭遇到“不公平”和“规则被破坏”等灰色情形……此时，父母以什么方式跟孩子沟通？本书没有给出“第一、第二、第三”，本书只是记录当时的情境和对话。

况且，书中很多文章，根本就与“问题”无关，而是一场经历，一段精彩，一次记录。

记录，正是本书的“初心”。

此时此刻，彼时彼刻，记录比答案，更加值得品咂，更加值得回味，更加值得保存。

阅读中，你一定会发现，一个平实的父亲，正在努力以自己的方式，帮助孩子把所有经历都转化为力量，同时正在努力以自己的方式，帮助孩子感受时间，帮助孩子延长童年，帮助孩子存储欢乐。

这种方式，已经、正在影响到越来越多的人——本书所有文章，最初在作者QQ空间发布，有的单篇就得到近千好友的阅读、转载、评论。孩子上小学以后，多篇文章被学校微信平台推送，被老师、家长竞相传阅。作者也多次被邀请到孩子所在班级、学校的家长会和教师会做主题分享。

文章得到来自不同领域的以及许多从未谋面的读者的肯定。

复旦大学邓建国教授看了《内心的“金钟罩”》留言说：“……我同意内心建设远胜于对客观知识的追求。”

旅美华人桦看了《爱与快乐不可替代》后留言：“双手赞成，太阳浴、hiking（徒步旅行）、fishing（垂钓）、camping（露营），住帐篷没有冷气是要命的。可是孩子觉得快乐，每天都这样就好了……快乐是不可替代的。”

对文章最大的肯定就是传播。这些年来，不断有不同的读者看完某篇文章后主动申请或者自行转发。

新疆某部队的网友“大漠狂风”看了《坚持是最好的老师》后评论：“这是一篇好文章，晶晶抽时间看看，这篇文章爸看了都很受启发，也许对你的学习和成长进步有所启发和帮助。”

网友、公务员smile.唐看了《送你一个圣诞老人》后留言：“学着点，收藏了，以后教孙子。”

还有好多朋友，看了空间的文章说自己受到了好大的影响。

湖南大学教授欧建良看了《内心的“金钟罩”》说：“我自己呢，基本算内心强大，能管好自己，总是努力干活，少吃多拉多干，认定自己做的是自己喜欢的事，吃苦耐劳等等没话说，也不会腐化堕落了的。但如何让两个小崽今后能做到这些，确实完全没有思路。熊哥你给我开了一扇通向未来的门，至少我会在这方面开始思考了。”

长沙网友“多多”看了《犯错》后留言：“深有感触，我觉得自己有时候就是蹦床边的爷爷和医院里的妈妈，由此我感到深深的自责……我会改。”

网友馨宇看了《犯错》后，留言说：“我恨不得把孩子变小重新教育。”

如果这种方式真的影响那么好，那么，书出来了，希望这种好的影响能够到达更多人。

生活本来就是散文。我想这是一本实用的散文。里面的与孩子交流互动，都是真实的，可以全面或者部分复制的。

本书试图记录孩子成长的所有美好。

记录本身，也很美好。

如果有人看了这本书后，也开始记录身边的美好，亦是很美好的。

2017年3月

长沙·马栏山

卷一·成长记

—欧语录 >>>

◎ 晚上睡觉，白天也睡觉！——被迫午睡，不满地自言自语。（2岁）

◎ 我长大了也给我崽崽让座。—— 坐公交车遇让座，问他“长大了给谁让座”。（3岁）

◎ 爸爸，等你和妈妈都70岁和奶奶一样老了，谁送我上幼儿园啊？是慧姐吧？（4岁）

◎ 将来我也会给我的崽崽喂饭。如果我崽崽不想吃，我就等一下再喂！（4岁）

◎ 长到100岁，我就可以拿到月亮，飞机也可以抓到了，呵呵。（4岁）

◎ 爸，男孩子也会变老啊？—— 小熊出生时，爷爷已不在……唉，感慨万千。（5岁）

◎ 习雄进化得好快啊，能跑那么快了。——隔了许久见到弟弟习雄，发感慨。（6岁）

◎ 妈，我钢琴、英语、足球、数学……都比你厉害，只有两件事永远无法超越你和老爸，就是年龄和辈分。（10岁）

去幼儿园看看，所有孩子的快乐都是那么纯净，
因为他们不复杂，也不懂得复杂。
向孩子学习简单。
简单的，就是快乐的。

我爱地图

（8岁）周末，跆拳道馆组织登山拓展亲子活动，上午9时30分从岳麓山北门出发，登顶，然后撑着气球长龙顺山道来到爱晚亭，全程步行。表演，中餐，树叶画，下午2时30分活动结束，再步行到麓山路坐公交车返程，直奔我们的下一站——袁家岭新华书店。

累啊，初夏的太阳益发升级了疲乏。兴致勃勃的小熊虽然对坐公交车情有独钟，过了橘子洲大桥之后，还是靠在我身上睡着了。

只有几站就来到了目的地——韭菜园站。小熊醒得很快，入睡时间才几分钟吧。下车在一个单车专卖店买了一个脚撑，继续步行往袁家岭。

是真心累，我中午不睡下午崩溃，何况一直在步行。

小熊也疲劳，他下山全程还要撑气球长龙，还有些集体活动，运动量比我还要大。但是他兴致很高，没有半点拖泥带水，因为我们是要去——买——地——图。几年前带他到新华书店，也是买地图，发现了“中国地形图”——根据一定比例制作的立体地图，当时觉得挺贵的——126元一幅。他没有坚持，我也就没有买。但是一直记得他的渴望，于是今天专程来买。

进了书店大门，我不太确定地图在哪个位置，他带着我直奔二楼。进二楼大门右边，就是地图专区。地形图挂在架上，旁边还有一张三维地图，看起来很炫酷。

“买这个三维的，怎么样？”

“不了，那个摸起来就是一个平面，没什么感觉。”

“好吧，我记得上次看到的大一些吧？”

“我问了服务员，大的没有挂出来，要126元，小的46元。”

“那干脆买大的？”

“没事，小的就够了。”是替我节约吗？感觉是哦。好吧，领情，就小的。

付钱，下楼，我们拐进右边图书专区。这里才是我的最爱。

“老爸，你在这里选书，我到那边去了哦。”

“你去干嘛？”

“我坐那边看一下地图啊。”

“好嘞！”

竟然淘到一本《西行漫记》，没有空手而归就很不错了。

出门，去乘地铁。

牵着小熊走在五一路人行道。小家伙像一匹小马驹，每一步走路是带蹦的。偶一偏头看他，他正好也歪着头眯着眼睛觑我，嘴角眉头都是笑啊，那眼睛里分明闪过一抹明亮的光彩——我终于相信了世界上是真的有彩色的眼神。

是得到梦寐以求的礼物才有的眼神？不不不，远远不是。他那感觉简直是满怀抱负指顾江山了。

我也被他的情绪感染，能让孩子有这等得瑟，能看到孩子这么淋漓满溢自然飞扬的喜悦，实是对为父母者的莫大奖赏。

地铁上好挤，我帮他拿着地形图，但小熊的眼神也没有须臾离开画面。

“刚才你只睡了一下子，现在睡一觉吗？”

“不睡了，买了这地形图我就一点睡意都没有了。”

“哦，好。这不是两个大盆地吗？凹进去那么大一块。”

“是啊，一个塔里木盆地，一个四川盆地。我可以在这两个盆地上玩陀螺呢！”

“那是，难道你会拿地形图当陀螺的战斗盘吗？”

“呵呵呵，会啊，会啊，怎么呢？不可以吗？”说这话时，他的语气，好像就认为我和他一样钟爱地形图，得知有人在地形图上玩陀螺必然会跟他一样心痛不已，而他又要扮演那个调皮顽劣的玩陀螺的人，从而故意挑起我的反感。也或者根本不是我想的这样，他就是要把他心爱的陀螺和心爱的地形图，通过他的办法结合在一起，好上加好，爱上加爱，蜜里调油。

等到车上人少一些了，小熊拿过地形图，平端起来放到眼前端详。

“老爸，乔戈里峰和珠穆朗玛峰好像是一样高的呢。”

“是吗？没有吧，还是矮一点点呢。”

“是的，也就那么一点点。”他又仔细比较了一下。

过了一会，我看小熊在捏着“珠峰”。

“喂，你捏着珠穆朗玛干嘛？等下手上有汗把它捏花了。”

“这是开关，我捏一下就是‘开’，意味着我要开始看地图了；我再捏一下就是‘关’，意味着我停止看地图。”

这也叫开关？快乐也完全可以自我设计自我定制嘛。

逗自己开心，他是认真的。

到家了。我问小熊：“地形图挂哪里呢？床头？”

“床头不是有一张世界地图吗？暂时放桌子上，让我先研究一段时间吧。”8岁的娃，你就去“研究”好了。希望有成果啊。

他拿着地形图，趴在床上研究，匍在地上研究，伏在书桌上研究。

忽然双手托举地图，从卧室跑到客厅，“我做做阻力实验。地形图还可以滑翔呢！”

门铃响，妈妈下班了。

“妈，你闭上眼睛，我给你一个惊喜！”不用说，惊喜就是“地形图”。

快乐是神圣的。人生来就应该快乐。

但是，有几个成年人可以说自己很快乐呢？人无远虑必有近忧。

旧时的童年，农村有农村的疯野，城市有城市的丰富，总而言之有相同之处——自由无可比拟。

今时的童年，怕。怕车、怕城市陷阱、怕电梯、怕人贩子、怕怪叔叔，怕作业、怕考试、怕升学、怕奥数……放养很重要，但谁不怕这些？于是童年有大部分时间呆在客厅、餐厅、卧室，领衔主演各种笼中小鸟。没有哥哥姐姐弟弟妹妹的争吵打闹，很多时候大人当仁不让要做孩子的玩伴。

童年真的没那么长啊，你没发现孩子真的是“见风长”吗？呵护童年，呵护童真，“让我给你最大的快乐”，我确信是一件美好的事情。其实真的不难，与昂贵的玩具奢华的旅游，都没有必然联系。或许秘诀就只有三个字——在一起。

他很快就要小学三年级了，谁能甩得脱“学习机器”与“考试专列”的魔力呢？

爱地图，那就爱吧，比电游比手机比电视好多了。爱得这么狂热，如同爱车那么狂热。

他是怎么爱上地图的？无从考证，依稀记得他第一次听说地图，应该是三四岁时去车站接南昌来的谢钧羽哥哥那次吧。谢钧羽哥哥也很喜欢地图。哥哥对弟弟的影响很大哦。

也有可能跟车有关，从车到公交路线，到外出旅游的景区图，到长沙地图，到湖南、全国、世界地图，到太阳系以及宇宙星云图。

早几天还说想要显微镜和天文望远镜，是小兴趣逐渐长大了吗？

晚上看他作文，介绍家乡。他写湖南，里面赫然有一句：湖南有很多旅游景点，比如“红二·六军团长征出发地旧址”……湖南有这个吗？我不信。他带着我来到湖南地图前，在桑植县的一个山洼里找到了那几个红字。

又一天，小熊带我来到世界地图前面说：“老爸，非洲大陆和美洲大陆可以合在一起，你看，这个边缘恰好吻合呢。”可不是，就是那些专家鼓捣的“漂移说”。

“你什么时候发现的呢？还是在书上看到的？”

“我早就发现了。”

这，是看地图的收获？

之一。

孩子曾经豪迈地宣布：“我长大了，给爸爸买一辆奔驰，给妈妈买一辆宝马，我自己就开公交车！”

车 迷

（6岁）“爸爸，我昨天晚上梦见龙骧巴士的人在踢球。”餐桌上，小熊边吃馒头边告诉我。小熊星期一在家吃早餐，因为幼儿园星期一早餐吃面条，习惯用勺子的他吃不好。龙骧巴士是长沙的一个公交公司，小熊在路上经常看到。

小熊很少和我说起他做的梦。还有一次说梦，也是跟车有关：梦见自己开跑车，过了花明楼，都快到朱石桥了。

“哦？在哪里踢呢？和谁啊？”

“不知道，别人给他们安排的。”近几个月以来，小熊的谈话中，经常能蹦出类似“安排”这样的“正规”词语来，比如他会评论“哇，这个球好疯狂！”

“时间不早了，快点！”看看表，我催他了。

他张开嘴巴，用手指着里面满满的馒头，含混不清地说：“你看噻，好挤的，比703还要挤。”

哗，703是经过家门口到星沙的公交车，总是很挤。

就这样，生活中间许多与车一毛钱关系没有的东西，他都能转化成“交通参与者”。比如早晨起来尿尿，抱着他回房间的时候，他眼睛都还没有睁开，却打着“左拐”“右拐”“直行”手势指挥我前进。有次奶奶恰好站在卧室门口，小熊如同发现了新大陆："咦，这里怎么来了个老交警？"从那以后，"老交警"成了奶奶的另外一个称呼，小熊有时候还逗奶奶："老交警啦……"奶奶每次都笑得乐呵呵的，还有点不好意思。有次生病打点滴，小熊认真地盯着药水从瓶子里出来，用手比划着药水的线路，然后指着控制点滴速度的阀门告诉我："爸爸，那就是药水的火车站！"

小熊对车的着迷，很小就表现出来。记不清一岁多还是两岁多的时候，他就能在停车坪里准确地找到自家的车，慢慢地就记得许多车的标志。楼下健身处那个帮助肩膀运动的大圆圈，因为中间有三根铁杆支架，就成了他的"奔驰"。他对奔驰没有什么特别喜爱，他崇尚的是大车，路边的巨无霸，吊车铲车油罐车洒水车垃圾车消防车之类，最能吸引他的眼球。能够载很多人的公交车，他真是爱之至极。他曾经豪迈地宣布："我长大了，给爸爸买一辆奔驰，给妈妈买一辆宝马，我自己就开公交车！"赚钱问题他也有考虑，他说装人多的和线路长的赚钱就多，所以"开703也可以，要不314也可以"。

家里的玩具，当然是车子最多了。床底下沙发下茶几下，一搞卫生就能清出好几台车来。有一次，他就把车子从进门口通过餐厅客厅一直排到阳台，还不包括那些体积大的如滑板车等，还有几个地方车子比较多，他说是发生"追尾"，堵车了。车子大的有吊车，有他一半高，小的如同一块巧克力，指甲大小，林林总总几百辆。有一次，带他在谭双姨妈妈的玩具店玩，说好由他自己挑选一个玩具。在姨爸爸的极力推荐下，他从车和枪中挑了一挺自动机枪，声光电效果热闹逼真。

他扛着枪摸爬滚打，模仿战争，很投入很狂热的样子。

大约半个小时后准备回家。

"姨爸爸，这个枪的包装拆了，还可以装好不？"他突然小声问姨爸爸。

姨爸爸看了看枪，说：“可以的。为什么呢？”

“我不想玩这个枪了，我还是想要那台车！”

“啊？枪比车子贵多了呢。”

“我还是想要车子。”

“好吧！那车子的包装拆了就不能再装好了啊，不能再换了啊！”

“好！”在玩具中，他从不考虑那些娃娃厨房炊具餐具什么的，这次在枪和车子之间，虽然和往常相比他有点动摇，结果还是选择了车。后来我问他为什么不要枪而选车，他说：“因为枪就只有一个玩法，车子可以想怎么玩就怎么玩，可以上坡下坡转弯倒车，还可以装货。”

玩具车，小熊是爱好有加。真车，他就更加关注了。

偶尔坐别人的车，他很快就能发现许多不同，有的雨刮器有两个，有的只有一个，有的车后窗也有雨刮器；有的车有离合器，有的车就没有；有的车有天窗，有的车没有；有的车有四挡，有的车有五挡，有的车没有挂挡的——他的玩具车有跳挡和飞挡，是他自己发明的。

坐在车上，小熊的兴趣可高了，除了关心挡位、车速、转向灯、远灯近灯、变道等操作方式，交通标志、交警手势、道路名称、路牌指示等等，都是他一路最好的风景。比如说长沙的营盘路过江隧道通车和三一大道浏阳河大桥钢便桥炸毁、通车、架设，还有南湖路过江隧道等新闻，是他看电视最感兴趣的内容，凡过江，都指明要走哪条过江隧道。

有次回宁乡走金洲大道，在望城路段，他突然说：“爸爸，这里怎么一个鸟山？鸟山上面全部是鸟吧？”我一开始莫名其妙，瞬间明白过来，原来是他看到前方路牌上有个“乌山”，他把乌字认作鸟字了。之前他到动物园看了猴山，猴山是“大师兄们”的天国，他以为这里有个类似的东东——“鸟山”。

我们从来没有刻意教他认字。关注车，到关注路牌，到关注路牌上的字——这是他认字的开始？印象中，这是我们发现他第一次对“字”作出主动反应，那时候他还不到两岁吧。

其实，小熊很容易晕车，一晕车就很难受，从长沙到宁乡，有时候路上要停车休息两次。他为此也很恼火，可是这毫不影响他对车子的万千宠爱。

快乐到底是什么东西？Don't worry，be happy!快乐其实很简单，一个真切的爱好，就能给小熊带来纯净美好的快乐。

你快乐吗？很多人对这个问题，肯定的答复往往不是那么干脆。

那么，你的爱好是什么？你还有自己的小爱好吗？你愿意为自己的爱好付出多少？能否念兹在兹乐此不疲，一有时间就沉浸其中？我不知道各人的答案是什么。或许，有一个自己的小小的爱好，我们就能够收获很多别人无法觊觎的快乐。从小熊的身上，我也学到了很多，比如真诚，比如纯净，比如简单。

快乐真的是一种能力啊，可惜很多人和我一样最开始有，后来竟然慢慢失去了或者减弱了这种能力。

所以，呵护、培养、放大小熊的爱好，尽可能减少藩篱撤除屏障，是我们一直的坚持。

小熊的这个爱好，还有一个附加值：由于爱车，就要考察行车路线，他慢慢对火车、飞机、地图、地球仪、别的国家名称、首都等，都开始“研究”了。有时候，我的知识，已经不足以应付他的问题，只有鼓励他自己多去了解。

玩具控

（5岁）周日早晨，小熊刚刚醒来。看见我，欲言又止，难过地把脸埋在枕头里，肩膀也挤缩着，很委屈的样子。才醒来，就记起了不开心的事情，那是什么情况闹成这样了？小熊几乎没有这样不开心的时候的。我前一天回来得晚，回来的时候小熊已经睡着了，一定是他有什么事情要告诉我，晚上没等到我回来就睡着了，所以早上一睁眼看到我就记起了那件事。小伙子5岁半了，情感心事更加丰富了。

我耐心地问他，他才用很低的声音说："老爸，钢舰骑丢了。"

原来周六的时候，妈妈带小熊逛商场，小熊按照他自己的惯例带了一个当时十分流行的玩具骑刃王——钢舰骑。在商场里妈妈去看衣服试衣服什么的，他就可以自己玩。可是那个"钢舰骑"，在商场里面不知道给忘记在什么地方了，回头找了好几圈都没有找着。

小熊那个伤心沮丧啊！要知道，上次晚上去建新舅舅家，他本来是不愿意去的，后来听说可能舅舅会给他买玩具就去了，果然得到一对"骑刃王"。小熊高兴得连续几天都是随身携带，睡觉、吃饭、外出——幼儿园不准带玩具，他都是前一天就自己用一个袋子装好骑刃王，嘱咐妈妈或者奶奶下午去接他的时候给他带去。放学后与约好的同学对战，一回来就汇报对战的过程和结果，以及其他小朋友的骑刃王的情况。

他的骑刃王可能是最多的吧，装上新电池可是特别厉害的。

现在，丢了一个，叫他怎么不伤心。丢了的，一般来说都是最心爱的。

玩具也是城头变幻大王旗、各领风骚数十天啊。

装上电池，螺旋桨呼呼响的骑刃王，碰到障碍物就转弯掉头的骑刃王，到了桌子边上可以自动回归的骑刃王，关键是小熊还可以自己拆卸组装、可以和别人换刀刃等装备的骑刃王，最近风头渐减——明星地位已经让给了陀螺。

陀螺也能对战，还不要电池，还有水平发射临空发射等模式，充分发挥出小朋友的参与性和能动性。

陀螺风头正劲，小熊嘀咕开了，“今年圣诞节圣诞老人不会送我一个陀螺吧？”“假如到建新舅舅家，该不会给我买陀螺吧？”

其实，小熊以前有一个陀螺——青蓝冰伞，那是他在跆拳道班的冠军奖品，不过当时玩的人不多，没有对战的气氛。而且，没有发射手柄，玩了一段时间，有点松动，有天在和世韬哥哥玩的时候弄散架，许多零件找不到了。

看到小熊那么向往，妈妈给他在淘宝上淘了一个。

小熊自己在网上选的——烈风天翼，下单之后，他一放学回家就是拿妈妈的手机查询看陀螺发货了没有，到了哪个城市，什么时间可以到达。陀螺到了之后，餐桌上茶几上果盒盖上床上文具盒上，只要5厘米以上见方的平台都可以作为他的发射台，他还创造了在广口瓶边沿饼干盒边沿发射的新招。旧习惯，他喜欢带着睡觉。妈妈担心他被硌着，不准他带陀螺到床上，于是，每天晚上睡觉之前，就拿着妈妈的手机逛网店，看不同的陀螺，比较不同的特点，有时评论一下，有时候就盯着看，好久一言不发。

有次早晨醒来，他无限向往地告诉我：“爸爸，我梦见忘在世韬哥哥家的青蓝冰伞了。我用手柄发射啊，转得好快的。要是把它从梦里带回来就好了。可是，我在梦里玩的时候就在家里啊！”

纠结、遗憾、难以释怀的玩具情结啊！有点类似我突然想起以前发表的几篇小文章，那么钟爱，却只记得标题，只记得内容，甚至记得有些自以为很精彩的句子，却再也找不着原稿，也无法再写出来，一想起就心里空落落的。

昨天，妈妈问小熊："小熊，要是你到一个有钱人家做崽崽就好了，可以给你买好多好多玩具。把你送到一个有钱人家去好不？"

"哎——这个，不好吧！我还是只想跟你一起。"小熊思索了一下，说出了一个办法。他是家里的办法大王哦，"除非你跟我一起去。"

"我去干吗？"

"你去给那个人做老婆撒。"

"那——爸爸怎么办呢？"

"要那个人的老婆到我们家来，给爸爸做老婆不就可以了啊？"

……

思绪纷飞：

独生子女，尤其在城市，他们童年的大块情感和时间都给了玩具吧！有什么办法呢？在农村还好，近似放养，广阔天地可以奔跑啸聚。而且农村，大多家庭还是有两个孩子的。城市的独生子女，他们该怎么去体验亲生兄弟姊妹的感情呢？堂表兄弟姊妹，与同胞兄弟姊妹的那种血浓于水的感情那种一切都可以不计只认血缘的感情，绝对不是一回事。再过些年头，这批独生孩子的子女出生，连嫡亲的叔伯姑姨都难觅，中华民族的传统人伦情感，有一些就要从一大批人的情感世界里淡去了……"然鹅"，不用担心，最初写这篇文字的时候政策还没有任何松动的迹象，这本书出来的时候，国家已经全面放开二胎了。

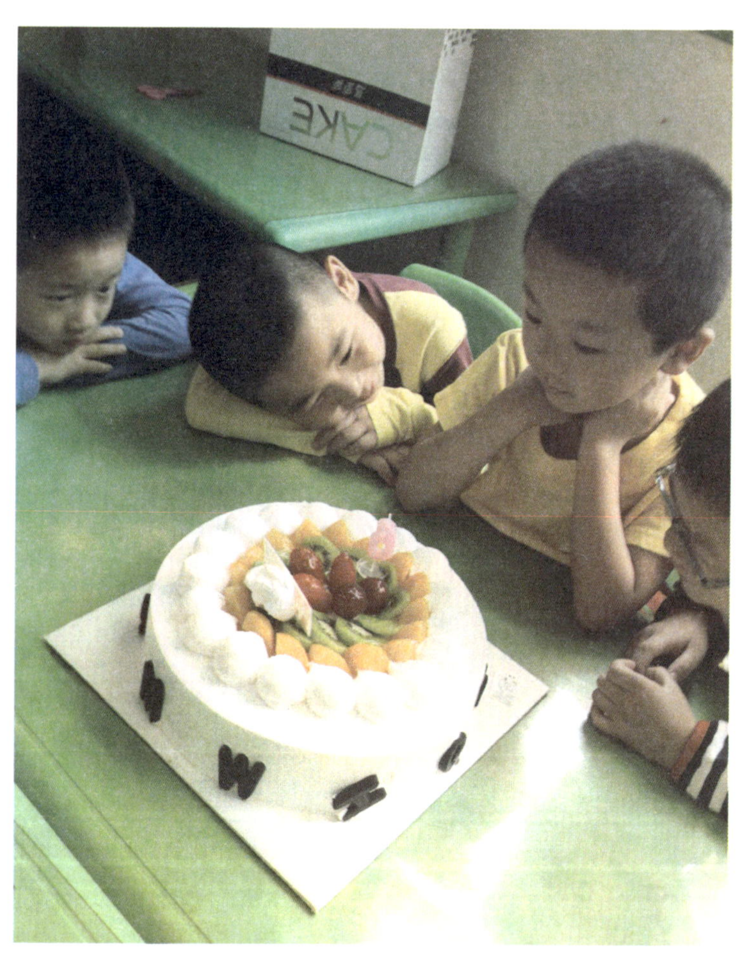

童年真的没那么长啊，

你没发现孩子真的是“见风长”吗?

呵护童年，

呵护童真，

“让我给你最大的快乐”。

简单的即是快乐的

（6岁）生活那么复杂，在小熊的眼睛里却是那么简单。几乎所有的事情，都是平心而论，完全不需要揣摩，不需要猜测，不需要担心，权威啊平衡啊神马的一概不在考虑之列。

给小熊买了地图，挂在床边墙上。小熊趴在床上，拿个放大镜，找大洲大洋，找钓鱼岛找台湾岛，找红海黑海黄海，找白令海峡找琼州海峡，找省会找高速公路找去过的城市找老家的位置。世界地图中国地图湖南地图长沙地图，看得舍不得睡觉，还要问："爸爸，下次去买个宇宙地图吧。"

结果，第二天早上喊不醒，时间一分钟一分钟过去，就要接近迟到的节点了，小熊还是不想起床。为了快速赶走他的瞌睡，我想了个办法："小熊，要不起来看一下地图吧？"

朦胧中小熊的声音清晰了："我想是想看，就是眼睛打不开！"

呵呵，不是要睡觉，不是不想看，就是眼睛不争气啊！

有一次，晚上我要和小熊妈妈到一个朋友家去有点事。

那段时间，这种情况小熊有时候是喜欢选择和奶奶呆在家里的。时间也不早了，我们希望小熊呆在家里早点休息，可是小熊不干。看到我们准备走，小熊也在收拾玩具准备和我们一起走。做了许久的工作，我们许诺早点回，告诉他不早了会耽误睡眠，还说了下次一定带他去，可小熊还是不同意呆在家。

小熊妈妈有点生气，小熊也闷闷不乐。我看形势要闹僵了，就俯身问小熊：“你说说理由吧！如果理由成立，爸爸就带你去。”

小熊说：“我就是想去。”

“还有呢？”

“没有理由了，就这一个理由。”很简单，就是一个5岁多的孩子想和父母在一起的表达。

“好吧，爸爸同意了！”在家里，对于小熊的行为，只要不影响安全、健康，不涉及道德品质等原则问题，一向都是绿灯。无谓的规则禁令，真担心会影响孩子的自信。最重要的，还要鼓励他敢于表达自己的意见乃至异见，养成和父母师长平等沟通的习惯。

妈妈带小熊坐公交车，忘记带钱包，身无分文。

已经上车了，司机拒不同意，理直气壮出口不逊。

双方言辞交锋……最后他们理屈词穷郁闷无比，下车。

“妈妈，其实，你不出钱坐车也不对。”回家路上，简单的真诚的直接的批评，基于自己5岁多积累的价值观的判断。没去想妈妈的权威，没去想人微言轻，当然也没有去想否定妈妈的后果，只有对规则的尊重。

前段时间，在双双姨妈家做客。

双双姨妈问小熊：“一加一在什么情况下等于三？”

脑筋急转弯，很多书上有这道题，给出的标准答案是“一加一在算错的情况下等于三”。

小熊略加思索，说出了答案：“一加一在再加一的情况下等于三。”

老实说，小熊这个答案高明多了。一加一在算错的情况下，除了等于三，还可以等于二以外的任何数，答案一点都不标准。如果用社会学物理学等方法来外延，还有很多答案，但是很难具备唯一性。而“一加一在再加一的情况下等于三”这个答案，计算方法简单，原理、过程什么的都不足怀疑。

如果小熊事先看了“标准答案”，如果他阅历更多一些，他能不能用这么简单的思路得出这么简单的答案呢？我曾经就这个问题问过其他一些各个年龄段的同事朋友亲戚，答案那真是五花八门，囊括了人类发明的多种学科。

成长很复杂。生活很复杂。工作很复杂。

亲戚关系同事关系，上下关系业务关系，利益关系。

“网。”北岛著名的一字诗《生活》，道出了日子的真相。

利益攸关亲疏远近，千头万绪错综迷离。

平衡协调合纵连横，走钢丝弹钢琴，韬光养晦卖巧藏拙。

都不行都无效，太复杂太敏感，经常顾此失彼按下葫芦浮起瓢，经常伸脚碰到爹缩脚打到娘，往往落得老鼠进风箱两头受气三头不讨好，到头来爷爷不疼姥姥不待见。

什么原因呢？想啊想啊……想啊想啊……

不能想，一想就头大、头晕、头痛。

想多了！！！世间本无事！！！一想就多事！！！

去幼儿园看看，所有的孩子的快乐都是那么纯净，因为他们不复杂，也不懂得复杂。

向孩子学习简单。人的一生，无非“做人做事”两般，认真做事，踏实做人，暗室不惊。

简单的，就是快乐的。

你是快乐的，我就是幸福的！

送一个圣诞老人

（4岁）“妈妈，你快点睡吧，圣诞老人要等我们睡着了才来呢！”

“这么晚了，圣诞老人肯定到了别的小孩子那里了吧！”

“这么多小朋友，圣诞老人可累了！圣诞老人去外国吗？”我临时跟他解释了一下：他像孙悟空一样，可以变好多一模一样的圣诞老人，满世界跑。

带着许多问题，小熊睡着了。

圣诞节早晨，我要赶去听课，但还是在出门前几分钟叫醒了小熊。我先一天开车绕了好远，前后准备了几个小时的节目，当然想看着它上演。

“小熊，不知道圣诞老人昨天晚上到底来了没有？”

小熊醒得很快，睡眼惺忪就翻起身来：“袜子呢？咦，不是在小床上吗？怎么跑到电子琴上了？”昨晚特意把我的红色足球袜借给小熊。

“看那袜子瘪瘪的，估计没有什么礼物，算了吧？”我说。

“你拿过来呀，拿过来看一看啊！”

拿到袜子，小熊将信将疑地把手伸进去，掏出了一个拇指粗细的“胖总管”：“怎么就一个这个？”他趴下去，都又想钻进被窝时，看到袜子里鼓鼓囊囊好像还有东西。随着惊喜呼叫，他从袜子里掏出了“驾驶员”、“信号员”、三根“枕木”，还有一张卡片。

“‘小熊，圣诞快乐！带我们到餐厅去找托玛斯吧’。”小熊念着卡片上的字，“圣诞老人真的来了，他怎么知道我的名字呢？”

小熊情绪还是不高，想钻进被窝。我说：“我们去餐厅吧，卡片不是说去餐厅找托玛斯吗？”

小熊有点不肯相信：“不可能吧？”但还是同意我抱着他去餐厅。

在餐厅，小熊彻底惊呆了：餐桌上，摆着一个高高的城堡——站台，旗帜、树、窗户、城墙、椅子、灯塔、火炬……小熊惊呼起来：“妈妈，快来看呀，桌子上有一个城堡，好高好高的！”

城堡上也有卡片，上面写着：这是车站，托玛斯刚离开，可能到客厅了！

“还去睡一下子吧小熊，还早呢！”我被小熊的惊喜感染了，心里乐开了花，却故意这么说，“客厅里面可能没有托玛斯，还是算了吧！”

“去啰去啰，爸爸爸爸！”小熊的睡意早跑了十万八千里。

“我抱不动了，给点力气啰！”

小熊马上“给力”地撮起嘴巴，对着我左右脸庞很响地各亲一下。

我“极不情愿”地抱着他来到客厅，他一眼就看到了被沙发挡住的小火车停在一个 8 字形的轨道上，胖嘟嘟的脸庞，圆圆的大眼睛，在嘴角洋溢憨憨的笑，烟囱、车厢……正是小熊这段时间为之着迷的托玛斯小火车。

小火车上也有一张卡片：小熊，圣诞快乐！我都等了你一个晚上了！

小家伙兴奋极了：“妈妈，托玛斯呢！还有一个轨道形的 8 字呢！肯定是袜子里面装不下，圣诞老人就把它放在客厅里啰！”

接下来，小熊用最快的速度穿好衣服，和托玛斯玩起来，其实就是看着托玛斯在轨道上不停地开，嘎嘎吱吱的，单调的重复。

可是他就是那么开心，把城堡搬过来，把“胖总管”“驾驶员”“信号员”全部安排到车上，把椅子搬来做隧道，把枕木设做路障……

接下来，爸爸妈妈下午要出去购物，邀请他，他不情愿，十分认真地申请呆在家里；

接下来，平时念念不忘的央视“动漫世界”时间，他连电视都没开，花了2个多小时，把城堡全部拆散重新设计，建了广州塔收费站桥洞攀岩处……他告诉我，在塔里面，有烟酒店饭店肯德基玩具店服装店大超市小超市……

接下来，他把托玛斯搬到床上放到枕头前，宣布“我要看着它睡觉！”然后趴在枕头上，双手交叉，垫着下巴，看着它，睡觉……

我问一些朋友，他们的孩子是不是相信“圣诞老人”，答复是早就不相信了。当然，朋友们的孩子都小学了！

小熊相信圣诞老人，还可以相信多久呢？要通过一个什么情节，他才不再相信圣诞老人呢？在我，希望能够帮助他在这个浪漫的故事背景里，尽可能多地获得属于他的快乐。

突然想，圣诞老人和中国的布袋和尚（也就是弥勒佛），何其神似啊：都胖胖的笑呵呵的，都有一个神奇的大口袋，口袋里的东西都是好东西，而且应有尽有，都能给孩子们带来无穷快乐。

古人，洋的也好，中的也好，为什么都要树立这么一个“喜乐”的偶像？弥勒佛的喜乐范围虽然涵盖男女老少众生，其实在最初的故事里，布袋和尚也是从布袋里拿出好吃的好玩的给村头田边的小孩子，所以弥勒佛的塑像，往往都有可爱的孩童伴随，坐在弥勒佛的怀中臂弯肩头，一派的喜乐祥和无极。

看来，给孩子尽可能多的快乐，给孩子真正的童年，古今中外，尽然。

节日，显然是老祖宗特意安排我们放松放下的时间。

老祖宗知道我们今天很紧张很辛苦“鸭梨山大”，供房供车，为名为利，才有了柴米油盐，又思慕茶酒酱醋，总有一项几项干卿底事。

以前只有传统节日，因为以前的中国人没有这么累，文人墨客们“草堂春睡足，窗外日迟迟”，为赖床症立传。还有更懒的“两句三年得，一吟双泪流”，叫语文课代表如何收得齐作业？更有优哉游哉的仙人，搞些“噫吁嚱，危乎高哉，蜀道之难难于上青天”的慨叹。现在呢，飞机高铁轮船，钻山打洞上天入海分分钟搞定，生活就像快镜头看不清扯不住。

所以呢，现在，洋节也来了，因为现在事儿更多。

那，土节洋节逮着就过呗，不然对不起设立节日的人，大不了土节土法过，洋节洋法过。

快乐到底是什么东西? Don't worry, be happy!快乐其实很简单，一个真切的爱好，就能给小熊带来纯净美好的快乐。

征战绿茵场

（8岁）9月6日，深秋长空，战云密布，砂子塘泰禹小学足球场狼烟四起："首届班级足球联赛"鸣锣开战。

上午10时35分，战火首先在1307班"龙之队"和1304班之间燃起。只见1307班的首发五员战将身披火红战袍，脚蹬黑色战靴，威风凛凛奔赴沙场。

1307班"龙之队"队长熊一欧根据战前训练，摆出211队形：杨浩功、方柯毅分任左右前锋，刘畅司职中锋，彭修其扼守后卫，而队长熊一欧技术最为全面，稳妥起见担任门将，踞立门前摩拳擦掌顾盼自雄，一夫当关万夫莫开。

随着裁判一声哨响，1304开球，拉开战幕，两名队员策动皮球突过中线，后防大队随之压上，1307"龙之队"面临大兵压境。飞毛腿杨浩功得球后，利用过硬的盘带功夫甩掉对手，单刀直入来到左前边线，起脚射门时球被对方破坏，但已造成对方一片混乱。边线发球后，方柯毅得球，与杨浩功几次倒脚，渗透到对方门前，一个漂亮的传中，杨浩功接球后稍作调整起脚射门，球低空飞起，直入网窝——开局不到两分钟，龙之队破门得分1:0。

比分实现0的突破后，场上攻防变得异常激烈。对方发动攻击波，连番逼近球门，龙之队后防线几次被撕开，连续出现险情。混战之中，龙之队队员禁区手球，造成本场比赛首个、也是唯一一个点球。场上空气几乎凝固，守门员屏息静气严阵以待。对方球员助跑、起脚、射门……球打偏了。

熊一欧见此情景，临机应变，将门将之位让与彭修其，拍马杀到阵前，大声招呼队友“变阵”，队形变为121：熊一欧担任前锋，杨浩功、方柯毅各任中锋护住两翼，刘畅撤作后卫，整个队形由稳妥防守型转为积极进攻型。对手猝不及防，阵脚大乱。龙之队两翼频频向前锋输送弹药，熊一欧得球后果断起脚，对敌阵展开狂轰滥炸，三分钟内4次打门，对方乱作一团。7分30秒，熊一欧带球突破，单枪匹马来到对手门前，横着一带，骗过对方后卫，右脚外脚背一拨，皮球从远角飞入对方网窝，比分变为2:0。

对方连续换人，但是终难奏效，没有形成有效进攻。第11分钟，方柯毅埋伏在左路，熊一欧佯攻急停，将球回敲给方柯毅，方柯毅尚在离球门约4米处，迎球抽射，突袭得手，比分变为3:0。至此，三大主力各有斩获。

比赛继续，对手失球不失志，阵脚渐稳，调整战术，形成对三名主力的围攻。但是龙之队愈战愈勇，14分钟，熊一欧梅开二度，上半场为4:0。

易边再战，下半场成为龙之队的练兵时间。为锻炼队伍，隆老师安排黄筠鸣换下彭修其、龚俊康换下刘畅。上场不久，龙之队队员衔接出现失误，被对方反攻到门前，黄筠鸣表现神勇，捉住对方一个必进之球。局势随即再度一片混乱，方柯毅前场被对方拉手摔倒，被对方形成反攻打进一球，比分成为4:1。

隆老师赶紧继续换人，王梓诚上，来到后卫位置。方柯毅下。熊一欧在场上临时变阵，队形恢复成双前锋，由他和杨浩功在前线猛冲。变阵取得奇效，熊一欧瞅准机会再得一城，完成帽子戏法。比分5:1。

对方大幅度换上新人，体力充沛，龙之队虽然体力下降，但是愈战愈勇，王梓诚几次大脚解围，顶住了对方的进攻。最后一分钟，杨浩功中场得球，连过两人杀到对手门前，一个假动作晃倒了门将后倒地起脚铲射，球挣脱门将的指尖突入球网。现场一片惊呼。可惜裁判判定冲撞守门员此球无效。龙之队队员发扬比赛精神，服从裁判，并未因此影响斗志。

下半场终场哨响，比分定格在5:1，龙之队豪取首场胜利。

卷二·亲子乐

一欧语录 >>>

◎ 爸爸，你说世界上黄连是最苦的，这个药比黄连还要苦。（5岁）

◎ 爸爸，我觉得冷笑话适合在夏天说。（5岁）

◎ —— 是啊，下午给妈妈放半天假。

—— 好啊。但是，我还在床上睡觉，我在床上的时候就不放假。

—— 好，没问题。

—— 那，我今天一天都不起床，就在床上玩。（5岁）

◎ —— 曹老师知不知道你是个傻瓜？

—— 我本来就不是傻瓜啊。（5岁）

◎ ——小熊，自已吃，我不喂了（小熊边玩边吃。妈妈佯装生气走开）。

——妈妈，你过来！

——什么事情啊？

——容易生气，也是一种病（语气很认真）。

——那，你说是什么原因引起的呢（妈妈哭笑不得）？

——可能是缺乏锻炼吧。（5岁）

◎ ——老爸，你猜长沙我最熟悉的是什么？

——公交车。

——错。在长沙，我最熟悉的就是——长沙！（6岁）

◎ 老爸，中心是数不清的吧？有一个中心只有一粒灰尘那么小，可是它还有一个中心，那个中心又还有一个中心，数不清的。（6岁）

生活节奏慢、慢、慢下来，“车、马、邮件都慢”，慢到可以跟自己的孩子一起从零开始学习购物、炒菜、玩泥巴，和童年时候一样一年真的有很久很久……

孩子让人担惊受怕

（3岁）从不担心儿子个高个矮，可是担心他营养不良；从不担心他玩耍摔跤，可是担心他意外受伤；从不担心他睡眠不足，可是担心他睡眠没有规律；从不担心他学不到东西，可是担心他不够快乐……儿子让人担惊受怕，那是一种真怕，我是让他足足实实吓了好几跳了。

前几天，小熊的额头上和鼻梁上凭空冒出几个长长的坨。

后来一观察，小熊感觉到痒，用手一抓就起坨，白色的，抓多长那坨就有多长。以为是蚊虫叮咬，没有怎么在意。

晚上睡觉前突然发现小熊左手腕好像歪了，仔细一看是长了个包，捏一捏硬硬的一坨。心里一咯噔，赶紧叫他做手指运动。握拳伸指没有问题，可是竖大拇指的时候，小熊用右手去帮忙了："爸爸，这个大拇哥好像有点不想起来。"我捏了捏，告诉他没事，睡一觉就好了。心想可能是玩的时候不小心崴了一下吧，但是明明是肉上的包包。

再一看，小熊身上还有好几个红肿的包包，左脚掌心也有一个。

他还说"左脚有点不想走"。

心理活动就异常激烈了，想这想那的：又没有去野外玩，不会沾毒虫什么的。莫不是免疫系统出了问题吧。如今这吃的喝的都含这素那精的，加上小熊感冒也不少，吃药打针都有，未必是抗生素或者什么激素摄入过量引起免疫系统问题……都不敢多想多说了，和他妈妈商量好明天带他去中医院检查。

第二天，我有点忙。小熊妈妈带他从医院出来就打来电话：过敏性荨麻疹，洗洗搽搽三天就好，不传染。心里头一块石头落地了。果然三天就好了。

小熊才生下来时，天天一有空就看着他，有时候觉得他一只眼睛小一些，怕说出来别人知道不好就憋在心里，不时观察，结果纯属多疑。

有时候看他眼睛好像“对对眼”，有次还抱他到一个熟悉的眼科教授那里去看，幸亏教授轻轻地说了声“不是”，还说现在孩子还小，都这样，长着长着就好了。 心里头一块石头落地了。

还有个事情可让我心挂挂的好久：有次摸着他的后脑勺，竟然摸到两个小粒粒，黄豆绿豆大小，还可以移动。这小子，别给我整个瘤啊什么的啊。心里那个苦啊，隔几天摸一下，还不敢跟他妈妈他奶奶说，怕她们着急，只是大略盘算了一下如果万一需要治疗连家底卖掉房子可以拿出多少钱。唉，熬了很有几天，鼓起勇气给一个同学医生电话咨询。答复说可能是植物纤维瘤，一般小孩子都有，没有什么不良影响，随着年龄增长绝大多数会消失。心里轻松了一下，和他妈妈说了，再带小熊到医院找医生检查，确实，植物纤维瘤。

如蒙大赦。现在，那些纤维瘤果然消失了。

有次出差回来，星期五下午，还在猴子石大桥，接到小熊奶奶电话：“你去幼儿园接了小熊吗？刚才，阿姨说是接走了。他妈妈电话打不通。”

联想到新闻里时有出现毫无新意但是触目惊心的儿童拐卖，还听说某个熟人的孩子差点在住的小区外就被人带上面包车“去找妈妈”，幸好一个邻居及时出现警觉地和小孩打招呼才把那面包车惊跑了。

心里那个悬啊！几公里的车程就是坐在通红的煤炭炉上一样。有的孩子就是在家门口甚至是在奶奶或者姐姐的手里被抢走的啊。我自己，就到成都采访过一个惊动全国的打拐案，打一个团伙就解救出上百名儿童……

下车，三步两步回到家，小熊在客厅里威风十足地骑自行车。

原来是他妈妈接了他就去了楼下的超市，超市里手机信号不好所以联系不上。心里头一块石头落地了。

我可是没有一点生气啊，和设想的那些情形比起来，眼前的情形是多么多么好。我只是重申了一下接送纪律：去幼儿园接之前，要通气。

信息社会，信息不对等把人害苦了，沟通真的很重要啊，沟通无极限，沟通，沟通大如天！

我不知道别人带孩子是怎么带的。像我这样琐碎的爸爸可能不多吧。比起他奶奶他妈妈来，我自认为是很粗放了，只是心理活动比较多喜欢自我骚扰。

在幼儿园，小熊表现很不错，可以帮老师摆桌子筷子，可以作为惟一的男生代表到别的班级表演英语自我介绍和唱歌。

昨天在家，他竟然把《国家》完整地唱了出来。

可是一回到老家农村，他和邻居家那些爬沟踢狗溜坡样样不惧早就可以用筷子的同龄人一比，就差了很远了：怕狗怕猫很小的动物照样怕，洗澡时甚至蚊子飞过都让他觉得不安全，吃饭还是用勺子而且还经常要喂……

一不小心跑题了。总结了一点：要做个不担惊受怕的爸爸，必须懂得很多！

前两天，听说同学的崽崽住院，全身浮肿，乏力，医生还下了病危通知。后来几天就好了。

听着都觉得心一空一空地晃。

失 踪

（4岁）早上听电台，说是红花坡附近一小孩走失，那就在我家门口啊。

自从做了父亲，每次看到这样的新闻，总觉得撕心锥心。

不由想起小熊也失踪过一次，而且是在人生地不熟的北京。

还在今年7月的时候，趁着小熊妈妈暑假，我特意休了几天年假，一家老小六口，到北京游玩。

朋友帮忙订了一个宾馆，因为人多，房间有的在5层，有的在4层。

第二天，4层空出了一个房间，为了方便出行，我们决定从5层搬到4层，住到老人隔壁。早上起来，整理房间收拾行李往4层搬。小熊妈妈先整理了一大包，提着下4层，小熊跟着下去了，我在房间继续收拾行李箱、充电器等。

突然，小熊妈妈在外面大叫："大熊，小熊在你那里没有？"

我一激灵："没有哇！不是刚才跟你下楼了吗？"

"小熊不见了！"

脑子里瞬间一片空白，又似乎有很多新闻画面同时出现：小孩被渗了乙醚的毛巾捂住嘴巴抱走、小孩被抱上没有熄火的面包车车门还没有关好小孩正在挣扎、小孩被陌生人从怀中抢走……

我疯了一样冲出房门，正好看到楼梯口一个房间有人进去。我跨过去一把卡在门口，一边往里瞅一边问："有小孩子进来没？"

得到了否定的回答："根本就没有看到小孩。"

你就在我隔壁，你怎么可能没有看见我的孩子？怎么可能？怎么可能！你必须看见！！！在那一刻，简直觉得这人就是人贩子，恶魔，早就埋伏在我们房间附近隐藏得好好的，一到关键时刻就会面目狰狞。

我甚至想对着他脸上就是一拳。

可是不行！

我又几步跨下楼梯，手抓着栏杆，脚不点地，飞。耳边风声呼呼。心里一个念头就是赶快冲到宾馆大门口，堵住大门，不准任何人出去。

到三层楼梯的时候，上来一个服务员模样的妇女。我赶紧问她有没有看见一个小孩子，一个人……

她说："有啊，在那哭呢。我还在问这是谁家的小孩……"

我话都没有听她说完就往下飞。

在楼梯拐角处，一个小孩站在那里，脸上写满了委屈、无助和惊恐。

一瞬间，我都不敢相信这就是小熊！我甚至在心里问：小熊是这个样子啊？怎么有点不像啊？莫不是别人家的小孩子吧？

跑过去，抱起小熊。这时小熊的妈妈也下来了，一把抢过小熊。

"妈妈，你到哪里去了啊？"小熊的提问都怯生生的了。

……

为了冲淡或者不强化这次失踪，以免给小熊造成阴影，我们当时都没怎么说这件事。

过了好久好久，大几个月后到广州玩，我问小熊到北京走丢了是怎么回事。小熊说："我一直走楼梯哎，走到一楼没有看到妈妈，走到院子里也没有看到妈妈，我哭了一下子，就又回来找妈妈了。”

原来，是小熊妈妈从5楼下楼梯转往4楼房间走的时候，小熊跟着走只看楼梯没有注意到妈妈已经转弯了。他还小，个子还矮，还只能扶着栏杆看着楼梯走，一直走下楼了。

从这个事情可以得出这么几点经验：

一是大家庭老人孩子出游的时候，小孩子应该有专人照看，中间不得随意调换。本来这次出发之前就分好了工，由我全程专职看护小熊。在外面坐车、游玩的时候还可以做得到，可是在宾馆就放松警惕了。

二是一旦大人不能牵着小孩的时候，必须让他走在前面，因为小孩视野窄，容易跟丢大人。

三是出去玩，应该谨记“穷家富途”，在家省俭，出去了该花的还得花，安全卫生方便省心，都是要花钱的。比如这次如果房间够好不要换来换去又有电梯的话，也不会出这样的情况。

当然，最重要的是，除了大人要上心外，更要提高孩子的生存、独立、自理、避险能力，才能解决根本的问题。这次如果小熊自己不往回走，径直出大门的话……

所以啊，无论什么事情，问路、买东西、找地方等，尽量尽早让孩子做吧。

大人早放手，孩子慢慢来。

暴 力

（6岁）不止一次，也不止一个人问过我同样的话：“你从来没有打过你崽崽吧？”

他们多是在我的空间里看了《带崽记》，有的是看到我和小熊平时的相处，看到的多是温情和谐的镜头。

他们的提问，也多是带着一种求证心理。

然而，我的答案有点让人失望。小熊很快就满6岁了。6年来，对小熊“施暴”，很少，但是，也有过几次。

相对而言吃饭问题是大问题，前几次“施暴”中，有两次与吃饭有关。

第一次，那时候小熊还只有两岁多吧，反正还没有上幼儿园。

到了吃饭的时间，大家都坐到桌子边上了，叫他，他就是充耳不闻，自顾自在地上玩车子。

叫了很多次，依然故我，也不来，也不回答。

当时（肯定是心情不好），我跑过去抓起小熊的玩具车往地上一掼，塑料做的东东成了一地碎片，声音清脆音量可观，现场效果很理想。小熊乖乖跑过来吃饭了。

脸上写满委屈、害怕，泪水无声地流。

还有一次，餐桌边，外婆做了小熊最喜欢吃的香干炒肉。小熊很兴奋，把香干炒肉拖到了自己面前。

说实在话，这个习惯是老人们无形中培养的，老人们喜欢把他喜欢吃的菜放到他面前，放得离他的饭碗近近的。

可是这次，小熊把它拖到了自己的饭碗边，紧挨着，完全变成“私享”。

这个其实不能怪小熊，老人们对这个是默许甚至就是老人们要求的，而老人们是最顽固的，我说过几次也没有改变。

可是，家里不能有特权思想，尤其是小孩！

“放到中间，好菜是大家一起吃的！”我出言警告，并且把菜碗挪到餐桌中间。

小熊固执地把碗拖回去。我迅速把筷子调头，用粗的那一端朝小熊的手敲去。小时候，我是吃饭不扶碗，也被父亲这么敲过，记忆犹新，当时就觉得好痛的，痛到骨头里面去了。

4岁多的时候，芳姐给小熊买了一个小电风扇，很小，装电池的，叶片外无防护罩。当然，叶片很软，橡胶做的。

小熊爱不释手。电风扇被他想象成了武器，一下子变得超级强大了。这不，小家伙竟然不听妈妈的吩咐，不去洗澡还是什么的，拿着电风扇逼近妈妈的脸，威胁，有点像“007”那类电影中经常出现的电锯什么的，还嗡嗡响。

小熊妈妈很害怕：“小熊，别这样，危险！”

可是，小熊得势不饶人，继续逼近。

连续警告之后，小熊没有撤退，似乎也没有准备撤退。看到连大人妈妈都那么害怕，大概他压根没有想到自己能够这么强大吧。我参与警告，可是也没有明显作用，很生气了，冲过去一把夺过电风扇往地上一砸，“塑料做的东东成了一地碎片，声音清脆音量可观，现场效果很理想”……

这一次，小熊哭得最伤心，抽抽噎噎的，还打电话向芳姐投诉。

后来，我和他探讨了很久，假如那个电风扇把妈妈弄伤了怎么办？是不是学了跆拳道以后很厉害了，就可以欺负爸爸妈妈？

小熊似乎懂了，也似乎没有真正懂。

也或许，我也完全没有懂他，他只是在玩。

2012，一年到头没有暴力事件。

2013，到4月份，已经出现了两次“暴力”。春节，在花明楼舅舅家。那几天好冷啊，好几天没有洗澡了。早上醒来，我跟小熊“讨论”洗澡。

小熊不愿意洗，还是怕冷。

“洗澡只冷一下子，出来会很暖和的。要不，我先去洗，我洗了再来直接抱你到楼下的浴室，好吗？”我的语气不容置疑，小熊很不乐意，但是还是小声地说“好吧”。

可是，因为事先没有和小熊妈妈商量，等我洗澡出来，小熊妈妈已经帮小熊穿戴好下楼了。

我大声说：“小熊，怎么穿好衣服了？来，洗澡去。”

小熊很不愿意搭理我地往地坪里走，准备去玩。

我追出去：“怎么了？不是答应了吗？”小熊小声嘀咕：“我可没有答应你！”我一听就火了，一把抱住他来到里间。

他感觉不妙，挣扎着，鞋子也掉了，于是想转移中心：“鞋子，我的鞋子掉了!”

我没理他，把他的另外一只鞋子也扯下来甩得远远的，然后坐到沙发上，让他坐在我的腿上，狠狠地盯着他。

“你到底有没有答应？”

“答应了。”小熊声音怯怯的。

“答应了的事情，就要认真去做，听清楚了没？”

“听清楚了。”

“记住了没？”

“记住了。”

最近一次，还是吃饭问题。周末，早餐，吃面条。今年春节过后，小熊突然学会了用筷子，不是很熟练，但是坚决不用勺子，而且坚持自己吃饭，妈妈要喂他他也不肯。吃面条也慢慢熟练了。我吃完，就到一旁去拿了牛奶，放在桌子上告诉他吃完面条再喝牛奶，然后到房间看了一会书。

大概20分钟后出来，满以为他已经吃完，准备叫他到院子里面去转转，可是看他碗里还有大半碗面条，他自己却用手在桌子上划来划去地玩，牛奶也打开了。吃饭真是个问题……我气愤地把他的面条倒掉，把牛奶也摔在地上：“吃中饭之前，除了喝水，什么也不准吃！现在，去做作业去！”……过了半个多小时，他把作业做完了，可是还坐在房间里课桌旁，畏畏怯怯地不出来。

我进去抱着他，和他交流。

“是不是很不开心啊？”

“是的。”

“不好好吃饭身体会不会强壮？”

“不会。”

“吃饭时间太长，就耽误做别的事情……”

“以后假如你的崽崽不认真吃饭，你会不会很生气啊？”

“我也会。”

“那你自己说，以后你吃饭要多长时间？”

“20分钟。”

“幼儿园吃饭多少时间？”

“15分钟。家里的饭多一些。”

“嗯，那家里吃饭30分钟，好不好？爸爸只是看到你不好好吃饭，怕你长不高怕你力气不大，知道不？以后就自己记时间啊！”

“好！”

后来，以前买的一个20分钟的沙漏派上了用场。

有一次，我和小熊相互评价对方的优点和缺点。

他给我指出了很多缺点，一边数一边在手上点：“回家晚，缺点！吃饭太快，缺点！躺着看书，缺点！上厕所时间太长，缺点！上厕所看书，缺点……”停顿了一下，他郑重补充：“还有一个，喜欢打人，缺点！”

最后一点，让我心里猛地一惊。自忖已是很克制的了，可是，依然在小熊的心目中有个很恶的印象。

打孩子，到底应该怎么看呢？中国自古有“棍棒底下出孝子”一说，旧时私塾还有专门的戒尺。现在也有“狼爸”“虎妈”的育儿传奇。育儿方面的微博达人王人平，强调示范身教，反对“棍棒虎狼”之论。在西方国家，有专门的法律禁止打孩子。

我看，有时候对孩子的表现气怒攻心，绝大部分父母都在所难免。我尽力克制，盘点如上，六年来“暴行”也不少。

我极力推崇身教，极力推崇感化，极力推崇理性教育，看到孩子委屈、恐惧、无助的泪眼我十分难受，可是我并不一味反对“棍棒”。

人之初“性本善”还是“性本恶”的争辩永无定论，而没有争议的是人都有劣根性都有惰性；在这个社会，对于错误的行为，惩戒无法避免，国家法律不容触碰，弱肉强食的丛林法则始终存在。除了温情脉脉，残酷的对与错、胜与负是绕不过去的事实。

孩子的行为规范思想品质都是养成时期，渐渐地让他知道疼痛知道伤心，明晓底线甚至体味委屈，是不是也是家庭教育应有的题中之义？谁能够保证孩子在学校在幼儿园或者在社会上不碰到委屈的事情呢？而且，父母也都是普通人，凡俗之人，总有缺点，总有偏颇，总有消极情绪难以控制的时候，总有耐心达到限度的时候。孩子，是否也应该从生活中，慢慢感知到父母的“不完美”。

只是，“棍棒”绝不能多用，更不能滥用，绝对要慎之又慎。

“棍棒”之后，在自己平复之后，还必须要有安慰、沟通、总结，尽量达到相互认可相互理解，至少相互真实表述内心想法。父母是成年人，是孩子的保护神，无论如何，都要给孩子绝对的安全感，绝对的信任感。所有的教育，都应该让孩子从内心接受，帮助孩子成长、进步。

其实，暴力是不可能真正让一个人从内心去改变去信服的。孩子也一样。

其实，每一次看到孩子屈服于暴力时，心里真的很不是滋味。

戒！

反暴力

《暴力》日志发出之后，我的一个学生“世纪宝贝”特意加了我QQ，给我发了一大段针对性的评论，很有见地。学生也是很爱孩子注重孩子成长的家长。

——其实有时孩子受到家长的暴力教育，是家长对孩子成长规律的不了解和先入为主的思维习惯的结果。如果是这样，孩子是不是很冤枉呢？比如两三岁的男孩的特点就有专注于一件事情的时候，对别的事情几乎处于屏蔽状态。他在玩玩具时就会专注地玩，对父母的呼唤根本就没听到，而不是故意不理会。从这个角度来说，如果当孩子玩得正投入时，父母气呼呼地摔了他的玩具，有时甚至打骂，孩子表现出来的是惊恐，害怕，无助，而且他并没有意识到自己哪做错了，这样父母的行为还破坏了他的专注力的培养。

——再者，关于吃饭时把菜放跟前，不管出于何种原因，也许是老人疼爱孩子，也许是觉得孩子手臂不够长而特殊照顾，都无可厚非。关爱后代是中华民族的传统美德，呵呵，可以理解。但是父母又担心这样习惯不好，孩子会自私等等种种原因，我们可以告诉他，你喜欢吃的也许大家都喜欢，可以放到中间一些，大家都能分享，如果不行，可以让孩子夹起来跟大家一起分享，大人不失时机地表扬表扬孩子，这样孩子也许就乐意接受了。我比较认可人之初性本善，呵呵。

——我认为，教育孩子不太合适用大人固有的一些世俗观念去猜测孩子，孩子的世界其实很简单。跟孩子相处，如果大人能站在孩子的角度和认知水平看问题，也许好多事情就不是那么复杂，大人也不会生气，孩子也能理解接受。

——关于孩子因为不遵守承诺这个事情，也没有那么严重。这么小的孩子应该还不懂故意不遵守承诺，只是可能有些小心思，或者不记得也有可能。我们问清楚原因，然后弹性地处理也许就好了。如果一上来就揪着不守信这么严肃的问题怒斥孩子，那么结果可想而知，大人暴怒，孩子吓哭，教育的效果没达到，是不是很枉然？从此还给孩子强化了个概念：不守信用。对孩子来说是多么沉重的词汇。

看了之后，我作了以下回复：

你说得很对，考虑得很细致，对我很有启发。

孩子是没有错的，错的都是大人。

大人的错，于我，主要是情绪管理失当。

仔细分析，往往是其他潜在的原因，对其他方面的不满怨怼而导致了把气发在孩子身上，因为对孩子生气是相对安全的，没有反抗等不良后果。比如吃饭那次，我后来捋了一遍当天的事情，很可能是家人做菜全部放了辣椒全没考虑孩子的口味，孩子看了一眼跑去玩玩具了。有气不能冲家人去，就拿孩子当宣泄口了。

总之，孩子很无辜，哪怕孩子言行失当，在暴力中也是无辜的。

要改正的是大人。

零暴力！努力！谢谢你！

老爸是那样的人吗

（7岁）周末，我正在下厨，准备做一个红酒焖野生鲶鱼。

小熊踢球回来的路上来电话：“老爸，黄筠鸣邀我跟他一起吃饭。我去吃饭好吗？”

“哦？事先没说好的，别去了。晚餐我特意准备了好吃的。”我不由分说给予否决。他上午和鸣鸣一起去了省少儿图书馆，中午只说好晚上一起玩“童子军团”。

其实对于小熊的要求，不涉及到是非对错和安全问题，也不太影响其他人，我都是赞成的。但是今天，一是看到鱼已经准备好，想让他尝尝我的手艺，好久没下厨了嘛；二呢，也希望他做任何事尽量有计划，少一些临时起意。

不一会，小熊回来了。

他解释说：“是他妈妈硬是要邀请的。”

“中午不是只说好晚上一起玩吗？”

“是的。中午没有说晚上确定一起吃饭。但是他和他妈妈好热情的，打了好几个电话哎！”

看他那么心不甘情不愿的样子，我立马改变了主意：“那好吧，先回个电

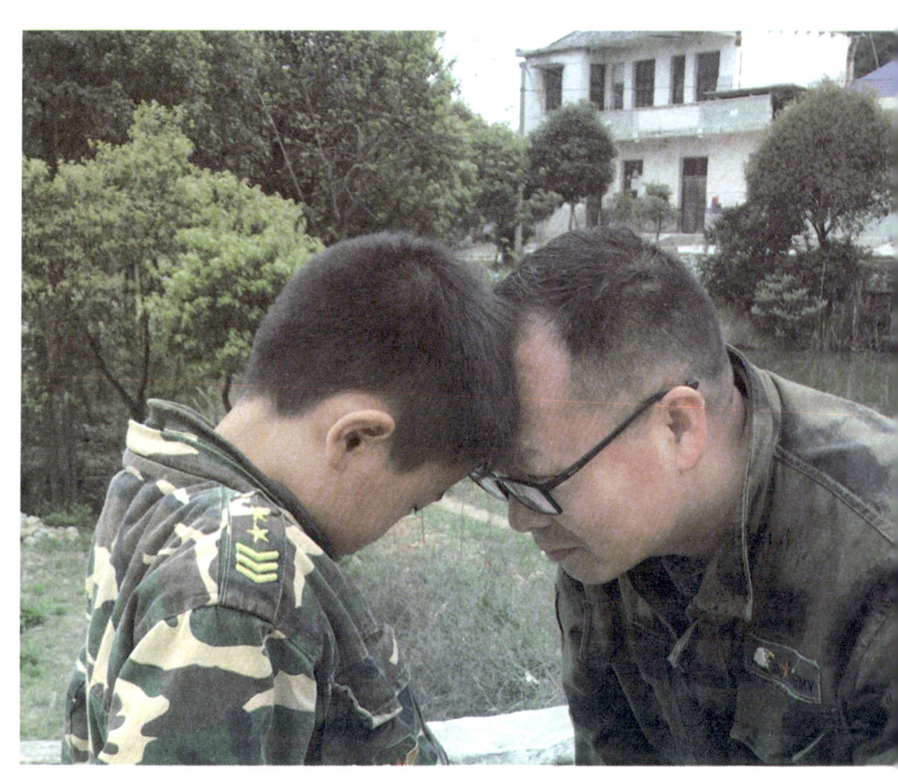

要让孩子觉得自己跟父母（和其他人），拥有完全对等的话语权，要达到这样的效果：要善于表达，首先要敢于表达，不能让权威压制了他自主思维的嫩苗！影响或者促使他作出决定的，不是所谓的权威，而是理智分析！

话给他们，说可以一起吃晚饭。然后，用最快的速度，洗澡。”顿了一下，我补充说：“开始我以为你不回家洗澡就直接去吃饭呢，那样容易感冒。”

“好咧！”小熊进浴室洗澡了。

小熊妈妈说：“小熊跟你打了电话以后，呜呜妈妈又打了电话过来。小熊好想去的，我要他跟你再打电话申请。小熊不想打。你猜小熊怎么说？”

“他怎么说？”

“他说：你以为老爸是那样的人吗？”

听得我一愣。

在小熊心目中，老爸是怎样的人呢？言出法随？一成不变？不近人情？过于严苛？难以沟通？

我还真不知道。

我一直以为自己是个开明老爸的形象。

平时小熊申请到院子里去玩，我问他玩多久，他有时候说15分钟，我都会说“15分钟太少了，根本就不够玩，30分钟吧”。寒假了，我对小熊的要求就是：“每天一定要睡到自然醒，不要起得太早了。不过晚上10点前要睡觉。”“寒假作业呢，自己安排，想什么时间做就什么时间做，只要按时做完就OK。”

可是没想到，在这个事情上被我否定以后，他都不愿意进一步沟通。

唉，他肯定觉得我过于严苛了，固执，一成不变。

一定是这样。

这可不是我的预期。孩子7岁半了，思维“进化”很快，对大人、对周围的事物、对所要解决的事情，都有了自己的独立评判。自主思维可得好好呵护哦！

小熊妈妈“幸灾乐祸”地说：“你还不知道呢，有时候放学回来，他得知你不回来吃晚饭，还要高兴地比个剪刀手，并且‘耶——’一声。你晓得你有多恶劣了吗？”然后还恶狠狠地补上一句：“你就是个恶霸，大家都怕你。你妈妈都怕你，说你比你父亲还凶，晓得不？”

是这样吗?

很多时候，每个人都觉得自己已经做得很好很好了，但是在别人心目中往往是另外一码事呢。尤其是在工作中，有时候你觉得在坚持原则，有时候你诚心在帮助别人，有时候你是为了整体利益，但是不小心就伤害了别人而不自知。有时候你做了99%的好，可是有1%没做得足够好，就被别人全盘否定。

那啥？“名满天下，谤亦随之”。

到底应该怎么做呢?

我想，要让孩子觉得自己跟父母（和其他人），拥有完全对等的话语权，要达到这样的效果：要善于表达，首先要敢于表达，不能让权威压制了他自主思维的嫩苗！影响或者促使他作出决定的，不是所谓的权威，而是理智分析！

生活中、工作中对待其他人，也应如此。很难做到，谁也不可能面面俱到，那就如同对待家人一样，只求一切出于本心的爱和良善了。效果如何，且任人评说吧。

反思！反思！

改变！改变！

不能拼爹

（7岁）中餐时候，小熊问我："老爸，你那时候怎么那么穷啊？"

"呃……你是说……？"我被他突如其来的发问弄得摸不着头脑。

"我是说你小时候。"

"我小时候吗？"我一下子找不到答案。为什么会那么穷呢？我脑海里一下子涌来许多片段：一家8口人、父母的工分、分田到户、田里土里、青黄不接、借油借米……但是为什么会那么穷呢？我该怎么说？那个时候，多少农村家庭，都是惊人一致的一贫如洗，父辈们不只是一般的勤劳，一年到头辛辛苦苦面朝黄土背朝天，又有几家没有借过米借过油？绳床灶瓦，也不是传说。

"那时候不是解放了吗？"小熊的问题跟着来了。

我调回了频道，抹去那些片段，截去了一大段时间，说："哦，是这样的，那时候，十四年抗日（原来说八年），三年内战，打仗消耗了太多的资金、物资……"

"哦。"小熊基本没有停顿，接着问："国家不是有银行吗？多印些钞票就是啊。"

"这个嘛，是这样的。从整个国家来说，钞票多不代表富裕。你想想啊，如果市场上根本就没有吃的用的那些物资，有再多的钱买不到货也没有用啊，是不？"

“为什么不从国外引进呢？”

“……这么说吧，从别的国家引进（我随他没用‘进口’这个词）也要看情况了，一般都是换东西别人才答应，比如说我们向别的国家引进石油，别的国家可能就问我们要大米来交换。可是我们自己的大米都不够吃，就换不到了。”我不知道该怎么跟他说关于“货币”“贸易”的那些概念，以我的水平就算备课也说不顺溜。至于某些特定的历史阶段似乎更加不适宜说，一下子也说不清。

幸亏小熊似乎被我糊弄住，没有再寻根究底。

但是他接下来的问题，又让我够呛。

“老爸，我们国家的第二高峰是哪一座？”

“我想想噢……”脑海里又是“哪吒闹海”，然而穷尽所有，也给不出个答案。这个题目属于“识记”，不属于“分析”，乃是我的软肋所在也，只好坦白，“老爸不知道。吃完饭去查查吧。”

“我知道珠穆朗玛峰是最高的，海拔8844.34米，可是没有看到过介绍第二高峰的，不会是五岳里面的哪一座吧？”他一边想一边吃一边说。我没再接腔。

饭后，万能的度娘告诉我们，我国第二高峰也是世界第二高峰，叫做“乔戈里峰”，世称喀喇昆仑山。顺便查了全国十大高峰，然后他又去地图上查对了一些。然后又问了和查了五岳里面的最高峰——华山，2154.9米。“书到用时方恨少，世上只有度娘好”。

“老爸，电到底是用伏特还是安培表示啊？”晚餐，突然又有提问。

“你从哪里看到的呢？伏特是电压，安培是电量。”

“电压是什么？电量是什么？我在书上只看到伏特，但是在家里好多电器的说明书上看到安培。"

"嗯，是这样。假设有一根竖着的管子，里面装满水，在不同的高度，都能感受到水不同的压力，这就是水压。不同的高度水的压力不一样。"他懂了没有我不知道，我继续说，"管子大小不同，但是在同一高度水压是一样的。但是大管子里面的水多一些，小管子里的水少一些，是不是？这就是水量。"

"为什么叫伏特？为什么不叫福特翼虎？"他想起了那款车，乐呵呵的。

"因为最初发现电压的那个人叫伏特，为了纪念他人们就用他的名字给电压命名。"我继续补充，"电压和水压一样。生活用电都是220伏特。然后，你看我们家，灯、电视机、洗衣机等都是用220伏的电。但是，只开灯，用电量就小，加开电视机，用电量就大，再把所有电器都打开，用电量就更大了。电量，就是安培。"一个文科生，在远离物理科目20多年后，要解释这些个，费力，不讨好，也不晓得他稍微明白了这个概念没有。更不晓得这样的解释，对一枚求知若渴的小学生来说，有没有误导之嫌，有没有遏制他的理科思维。

曾经想过如同媒体报道的那样，初中高中"陪太子读书"时：语数外理化生什么的也跟着"重启"一遍，现在看来，太不现实。

【思绪纷飞】

还是要尽可能多跟孩子在一起，没有陪伴，不可能知道他的视野、思维的触角已经成长到这个层面。以后多回家吃饭，周末必须居家。

以前是觉得不能做包办的家长，现在认识到根本做不了包办的家长。每个人都是有局限的，尤其是父母对孩子。

对孩子提出的问题，既然包办不了，最好尽可能让他自己去寻求答案。要让他知道"老爸可不是万能的"。

然后，我要正式告诉小熊——

不能拼爹！爹不能拼！爹拼不了！

无论是知识还是技能的学习，都是一个不断挑战自我的过程，一开始可能觉得轻松，但是随着程度的提高，不可能总是风和日丽，枯燥、重复、进度缓慢、难以理解接受的状况一定出现。

这个时候，兴趣还是最好的老师吗？让所谓“so easy……”的理念见鬼去吧，坚持，不断地咬牙坚持，才是最好的老师！

坚持是最好的老师

（8岁）一个周五的晚上，入睡之前，小熊爬到了爸爸妈妈的大床上。

“妈，我明天不去学跆拳道了。”小熊气恼地说。

“为什么？”

“没有为什么……”

“那你跟老爸说。”小熊妈妈有点紧张，“大熊，小熊说他不学跆拳道了。”

我就在这个时候进了房间躺到床上，小熊妈妈马上跟我说了这个“严重的情况”。大致了解后我跟小熊说：“为什么呢？不是说要学到黑带吗？俄罗斯总统普京还是个拳术高手呢……别想那么多了，小熊，明天老爸陪你一起去。你这个道馆好正规的呢！去学，好吗？”

“不去了，不想去！”小熊还是态度坚决！

我也感到事态严重，心里也很懊恼，气一下就冲上来了。

“小熊，坐起来，跟我好好说！”我翻身而起，打开了灯，语气十分严厉，“坐起来！快点！”

小熊坐起来，看到我生气，他很害怕。

“不能说没有理由！告诉我，为什么？”我对这种无端的行为本来就很难容忍，当时的语气神态绝对可以用声色俱厉来形容，“做个这样的选择，怎么可能没有理由。如果没有理由就做决定，那你什么都不要干，从明天起学校也别去了，书啊书包啊，全部扔掉……”

“我……没兴趣！”小熊憋出了这么个理由。这个，怎么可能呢？想想幼儿园毕业典礼上，跆拳道汇报演出，他演大师兄，只有他一个人的弹踢破板了。当时的留教练是多么喜欢他啊，学得快，动作标准，教学示范都是喊他。

“你的兴趣是什么？”看到他那么害怕，又说得那么正式，我心里都有点忍俊不禁。但是语气还是很严厉，“快说！”

“我的兴趣是足球。”

“还有呢？”

“还有钢琴。”

“还有吗？”

“还有……还有……还有短跑！”

我心里早就乐坏了，这家伙，对自己还是蛮了解的嘛！说实话，我都不怎么确定这么知道自己。

我的语气早就放缓了：“小熊，你的这些兴趣，老爸都很支持。老爸还是第一次知道你爱好短跑，很不错。”

我继续调整了自己的语调：“小熊，老爸想告诉你一个观点：要成为一个优秀的人，有时候就是要强迫自己去做不喜欢的事情，而且要做好。”

我让他躺到被窝里，头枕在我的手臂上。这似乎是我们和解的固定姿势，冲他发脾气的次数很少，但每次我都会这样抱着他，跟他作雷霆暴雨之后和风细雨的交流。“你想想，一个人如果不喜欢的事情都能做好，那喜欢的事情不就能够做得更好了吗？”

小熊这个时候听得很认真，好像听到心里头去了一样。

或许是迫于我的严厉，或许是接受了我的观点。

我宁愿相信是后者，于是继续说："小熊，你知道吗，生活中总要碰到不喜欢的事情，总要碰到不喜欢的人，老爸就是这样的。但是碰到不喜欢的事情，我不可能选择不去做啊，碰到不喜欢的人，还必须勉强自己去跟他打交道啊！为什么呢？我要工作，我要做业务，我要挣钱。奶奶老了挣不到钱了，你还小也挣不到钱，都要依靠爸爸妈妈。我只喜欢每天玩，每天看看书，跟好朋友聊聊天，喝喝茶，打打球，旅游也可以。但是不工作行吗？不行的！没有钱，连自来水都喝不起！妈妈也是一样，当老师多累啊，你知道的，每天早出晚归……"

小熊还是听得很认真。

我说："小熊，老爸给你一个建议好不好？"

"好！"

"尝试坚持做一件自己不喜欢的事情，而且把它做好，挑战自己，好吗？"

"好的！"

"那明天继续去学跆拳道，好吗？老爸送你去。"

"好的！"

"好了，那就——睡觉觉吧！做个好梦啊，如果梦里有什么好玩的，一定要记得叫我一起玩啊！"

"好的。"

……一场攻心战，就这么"愉快"地结束了！

一周后的周六，中午。

小熊从道馆出来，如释重负，一脸轻松，不无自得："终于学会了！"

我没有听清楚："什么啊？"

"品势三，终于学会了！"

啊哦，是这样！我从内至外表现出莫大的惊喜："真的啊，你太厉害了。可以嘛，又一次超出了我的想象，你看只要努力去做，你就能做好。你比我这么小的时候强多了！看来，你将来一定会超过老爸的……咦，那啥？品势三？不是早就学会了吗？"

"哪里啊，今天才学会呢！学了好久，他们比我先学，老师又没教。"

原来是这样！幼儿园毕业后，小学这边没有合适的道馆，一年级基本就耽误了。他是这家道馆的插班生。

又过了些时候，考了根黄绿带。

又过了些时候，周日，姑姑和奶奶生日，都在老家，上午要回老家的话就得耽误一次跆拳道课。"老爸，我又想回老家，又想去学跆拳道，怎么办？"小熊表示很难选择，从内心迸发出来的为难。"没事，先上跆拳道的课，下课后直接回老家，要姑姑把开餐时间推迟到中午一点半就是。"我给出方案，得到拥护和执行。

那次课，教练开始组织实战。小熊说他是全队唯一主动报名要求参战的。

我终于明白了，他说的"没这个兴趣"，其实是他在学习的过程中，遇到了困难，阻力重重：从一名小有光环的"大师兄"，到一个插班生，进度跟不上，招式学不像……"没这个兴趣"="打退堂鼓"。

我知道他是不轻易认输退缩的，只是当时没有想到这一层，因为当时跟教练交流的时候，教练说没有问题，跟班学，慢慢就跟上了。

这个过程，对孩子来说，还真是个挑战。

幸亏当时我态度异常坚决。这个时候，家长态度坚决，对孩子心理来说，就是一个强有力的支撑！

想想小熊学足球，一开始触球都是问题，一脚踢出去离球还好远；弹钢琴也是，背谱节奏什么的觉得难，都曾经不想去上课，到现在两项全成了他自己都觉得很快乐的"兴趣"。

无论是知识还是技能的学习，都是一个不断挑战自我的过程，一开始可能觉得轻松，但是随着程度的提高，不可能总是风和日丽，枯燥、重复、进度缓慢、难以理解接受的状况一定出现。

这个时候，兴趣还是最好的老师吗？让所谓“so easy……”的理念见鬼去吧，坚持，不断地咬牙坚持，才是最好的老师！

外一篇：坚持与兴趣

兴趣，大多靠培养。

但是有了兴趣，不引导，不坚持，兴趣也就昙花一现。

见过太多的例子，比如孩子学钢琴，一开始兴趣浓厚，乐感也很好。那当然啦，多么好的玩具啊，一碰就发声，还有自己熟悉的曲调，老师一演示还那么优雅轻松，家长大人还一片赞誉……还有什么玩具比这个更好？老师往往还会说有天赋。

于是家长花大价钱买了钢琴。

可是，可是，可是，钢琴才买回家的时候还好，没事就去弹，可过不了多久，这个大玩具最终在角落蒙尘。

还有什么玩具比这个更闹心：又贵，又占地方，还要经常拂尘。

然而，也不是什么都要坚持，也不可能什么都坚持。小熊在幼儿园接触过围棋，绘画，手工，现在都不提了。坚持来自于父母对孩子的理解，来自于大人孩子双方共识。简单说，谁也不可能要一个男孩子去坚持绣花吧。

坚持，也要顺其自然。

外二篇：坚持与放弃

有所坚持，必有所放弃。

孔子曰过：满天的麻雀抓不尽！钢琴、足球每天曲不离手球不离脚，跆拳道他一回家就不管了。我对那些写字很漂亮画画很有神英语倍儿溜的孩子，特别艳羡，可是也不敢再要小熊去报什么书法美术英语班了。艳羡归艳羡，我只能背诵一句“名人名言”来安慰自己——长得帅的写字丑。

孩子要有自由时间，不带任何任务，发呆也好，闲逛也好，疯玩也好，完全没有规划，完全自由支配，完全信马由缰。

总有一些时间是要用来挥霍的，总有一些光阴是要用来虚度的。

是为留白。

教育的留白。

成长的留白。

早几天有幸参加小熊学校的家委会，李臻校长是我所见过的难得的真正有教育情怀的人。作为教师、作为校长，也作为家长，她在家委会上说的一句话，深深触动我：“学校正在组织评雨花区家庭好孩子，我看到孩子们的材料，一个个都很全面，固然很优秀。其实我隐隐有一个渴望，渴望有那么一两个孩子，不是那么全面，而是在某一方面特别突出，比如特别喜欢研究昆虫，在昆虫方面的知识甚至要超过生物老师！我们也要给他评优。”

这，是对在孩子培养方面“有所坚持，有所放弃”的最佳佐证吗？赞！

卷三·闯社会

一欧语录 >>>

◎ 这件事情，宁乡县政府要负责（看到路面坍塌，热议）。（5岁）

◎ 妈妈，社会上男凶手比女凶手多一些，是吧（看了社会新闻评论）？（6岁）

◎ 老爸，那些跳楼的人真是蠢。他们不知道一跳下去就没了吗？蠢得跟猪一样。我看他们比猪还蠢。猪都不会跳楼的（看了有关“跳楼”的新闻，评论）。（7岁）

◎ 老爸，我觉得人生就是做一个梦一样的，只是自己不知道在梦里。等到梦醒了就不会做梦了，人也就死了。（7岁）

◎ 老爸，中国的购买力已经超过美国了呢！（8岁）

◎ 妈，人类交通的发展，最开始是跑步，后来是骑马，再后来就是汽车轮船飞机，到现在是新能源交通工具。以前看谁跑得快，现在就看谁更环保了（新闻评论）。（8岁）

◎ 如果我在美国学习，掌握了他们的核心尖端科技，就假装什么都不知道。要不然，他们会阻止我回国的。（9岁）

◎ 老爸，玉煤大道的设计肯定通不过验收，根本就没有设计无障碍通道。（9岁）

规则与权威，

到底是用来尊重的，

还是用来挑战的?

That is the question!

吃饭时的讨价还价

(3岁)黄金周，按照惯例也要给70多岁的奶奶放假。

正好小熊的妈妈也要加班，我就当专职家长。

这下好了，不大的窝里事情真多，再怎么繁琐累赘，摸摸索索下来，怎一个“乱”字了得，单就是小熊的玩具用具，简直就是无所不在，客厅餐厅饭桌阳台卧室床铺，均难觅插锥之地令人叹为观止。奶奶在家的时候，家里可是规整有序，我一在家怎么半天就这样了呢？“家有一老犹有一宝”，常言真是说得好。

下午，带着小熊和他10岁的表哥轩轩去玩了沙子，到晚上依然要一个对付两个。

吃饭是最大的问题，小熊自己吃一点，磨磨蹭蹭到8点半了，还有大半碗。专家说孩子吃饭有一个法宝：饿。这个我信。可是就这几天，我不敢贸然改变他的吃饭靠喂的惯性。

那就喂吧。

到了最后“攻坚”阶段，一碗饭还剩下四分之一。

我问小熊：“吃最后三口怎么样？”

小熊表情迟疑，我就继续问：“吃最后四口怎么样？”

见小熊依然表情迟疑，我施加压力：“那就吃最后五口？快叫停啊，还不踩刹车我就要说六了。”

小熊沉不住气了：“爸爸，吃最后两口行不？”

立场很坚定，但是他看我情绪不高，就马上改口说：“最后四口也可以，爸爸！”

一下翻番了。协议达成。

小熊慢条斯理地咀嚼着嘴巴里的粮食，一边指着嘴巴问：“爸爸，我现在吃的是第一口吧？”这家伙，算盘打得这么精细，达成协议时在嚼的那口饭还没有咽下去，要作数。

“当然不是。”碗里还有一片香肠，是小熊的最爱，为了尽量让他多吃点，我决定玩个小花招，把他最爱吃的排在后面：“第一口吃扁豆，第二口吃芋头，第三口吃牛肉，第四口吃米饭，第五口吃香肠，第六口吃米饭。”第六口米饭，我是预备好了让他行使“放弃”的主权的。

小熊有兴趣了：“爸爸，我不吃第六口了，只吃第五口，好不好？”

“不好，要吃第六口。”

“那……爸爸，我吃了第四口，再加一口吧！”小熊郑重其事地看着我，还伸出了一个指头：“加的那一口吃香肠。”为了吃到第五口，为了不吃第六口，小熊想出了这样一个办法。在他的小算盘里，吃了第四口再加一口，既不是我给他设定的第五和第六，又能实现他吃香肠的“理想”。

吃个饭，也要这样“斗智”。

但是吃饭问题到底怎么解决，真没有好办法。饿是最好的办法，可是怎么做得到呢？这个办法，老人绝对不可能去执行的。

顺其自然？！

尊重规则

（6岁）一说，规则是用来尊重的。

昨晚，和小熊睡前聊天。

“老爸，蛇字是不是一个虫字旁加一个舌头的舌字？”

“不是。怎么了？”

“今天考试，有个字没写出来。”小熊说，“不过只扣一分啰。老师说了的哎，不能写拼音，因为写拼音看不出部首。但我硬是想不起来。”

“什么字啊？”

“带虫字旁的字，但是不能是蚂蚁两个字。”

“哦，所以你想到了蛇字吧？”

“是啊，我没学过，不记得怎么写了。我以为是形声字，就写了个虫字旁加舌头的舌字。看着不像，又擦掉了，写了拼音。”语气里有一丝遗憾。

接下来的话，让我有点猝不及防。“考试结束的时候，我看到李骞宇写的是个‘蝉’字。”

“什么字？”我心里有点打鼓。

“就是‘知了’啊。他的字写得很大，我就看到了。”

我没有来得及接话。小熊继续说：“我没有写了。不是我自己想出来的，就不能写。是的噻，老爸？”

小熊的语气坦然如常，不像我的内心涟漪起波澜开白雨跳珠乱入船……当然，我的语气仍然平静得漫不经心：“那是，又不是自己想出来的，写了有什么意思喽？”

规则是用来尊重的。小熊自觉尊重了“考试的诚信规则”。

同样的句式还有：权威，是用来服从的。在孩子的字典里，往往规则等于权威，权威也等于规则。

对于一个从一张白纸开始的孩子，如果没有规则，不懂规则，没有权威，不懂得尊重服从大人的指令，脑海里没有行为准则的概念，其成长旅程必然混乱而充满危险。家里的开水插座火机药品天然气阳台电梯，这些暗藏陷阱的机关，最开始都只能通过大人的权威和规则来教会孩子远离。简单到一个游戏，没有规则，也会无法合作对抗，没有胜负输赢，根本无法玩下去。

记得有这样一个小故事：有一个铁路工人父亲，在铁路旁的小木屋边劳作。6岁的儿子在两根铁轨之间玩耍，一列火车风驰电掣从孩子背后飞过来。父亲大喊一声“卧倒”，再没有更多的时间和机会做其他努力，只能心胆欲裂地站在一旁看着火车飞驰而过，每一声“轰隆”都如一记重锤砸在父亲的心脏上……火车开过后，父亲泪雨滂沱中看到，儿子从铁轨之间站起来，惊魂未定，毫发无损。

对权威的尊重，就是对权威的服从，危险时刻换来生命的安然无恙。

小熊对规则，有一种内心的敬畏。两三岁的时候，住宅单元玻璃门上贴了个红色的“拉”字，其实门双向可以开关，外面贴的是“推”字。有时候带他外出，我推开门让他先出去。这时候，他会大声抗议：“老爸，错了，你没看到写的是‘拉’吗？”并且，好几次拒绝出门，气呼呼地要求我一定把门拉开才肯出去。后来我跟他解释，玻璃门是透明的，可以看到对面没有人，“推”“拉”都不会影响到别人，而且我们手上拿着东西，“推”起来方便，他才勉强不再反对。轮到他自己，那必定是“拉”，不是“推”，绝不含糊。

现在，规则、权威意识，在他心目中貌似生根了。校门口有两个斑马线，距离大约40米。不在上学下学的高峰时段，只有两车道宽的马路中间撤了隔离栏。这个时候，路上车辆不多，来往行人为了抄近，往往不再顾忌，在两个斑马线之间的地带过马路时自由穿行。但是小熊只要一过马路，明明出校门后走两个斑马线中间地带可以更近更直接进小区，他也必然绕道走斑马线。有几次放学后参加完足球训练回家，出校门后我拉着他的手下意识地径直往中间走想横过马路，都被他下意识地拉到斑马线上。当时可以确定路上车辆行人稀少。

至于老师讲的话，比圣旨还要灵光。上周四没有足球训练，放学后还早，我带他到学校球场玩球，玩得正起劲，他突然问几点了。我说5点。他拿起球就往外走：“老师说了，5点都要离校，不能逗留。”其实当时田径场篮球场操场到处是学生。但是……没有但是，跟着他回家。

规则，代表着权威，是秩序与安全的保证。

尊重规则，服从权威，信守诺言，是黄金一般可贵的品质。

可是现实生活中，“不按规则出牌”，似乎成为了对一个人的肯定甚至褒扬，几乎是对所谓成功者进行评价的标配语句。于是，有担心。

尊重规则，在没有监督的情况下，依然自觉地遵守规则。我本来内心是赞赏这种观念的。然而，作为父亲，我考虑的角度既理想主义，也绕不开现实。强大的规则意识，会让小熊因此变得胆小、懦弱吗？会因此墨守成规缺乏挑战精神吗？会因此变得害怕面对权威吗？

这种方式带来的效果如何，目前没法评估。比如斑马线规则，我也只能多次告诉他，就算走斑马线，也要确认两边没有车或者车辆停止了，才能过。

安全第一。国情。中国式过马路。中国式过斑马线。

规则与权威，对孩子来说，就只能是用来尊重的吗？

要多打几个大大的问号。

“假如哪一次老师叫你们在楼顶上晒太阳，等她叫你们才可以下来，可是她忘记来叫你们了。天也黑了，气温也降下来了，怎么办？你还会在那里等老师来吗？”

打破规则

（6岁）一说，规则是用来挑战的。

现实中，规则常常成为摆设，挑战、摈弃规则的现象随处可见。摈弃规则者，往往是某一场角逐的轻松获利者。停车在加油站等待加油，有时都能碰到插队者。在孩子的世界中，这种情况同样屡见不鲜。

早几天在楼下架空层练球。小熊一个人对着墙角练，我远远地玩手机。墙角旁边有一个乒乓球台。这时候，来了一对母子，儿子大约比小熊大四五岁。场地局促，练足球的和练乒乓球的，相互干扰着。大男孩突然霸气地要小熊走开一些。小熊毫不示弱，勇敢地大声问："为什么？"我想小熊一定在想，我先来，按照先来后到的顺序规则，也不应该让开场地。大男孩真是霸气侧漏："没有为什么。"小熊依然勇敢地质问："为什么？为什么没有为什么？"大男孩依然不屑解释："没有为什么。"只是停下挥拍，上身前倾，一脸横像："就是没有为什么。"陪练乒乓球的妈妈，熟视无睹，浑若无事。恰好是这种事不关己的态度，鼓励了她儿子肆无忌惮的横吧。这个样子的儿子，是不是正好是他妈妈想要看到的样子？

类似情况，有次在橘子洲参加一个"嘉年华"的时候也碰到过。小朋友们排队参加扔球的游戏。玩完一次，小朋友自动站到队尾。小熊认真排队。可是有个奶奶带着孙子，玩完一次又插队，玩完一次又插队。别人都是小孩在排队，只有这个老奶奶带着孙子。小熊和几个小朋友反对，老奶奶貌似是真的没有听见。小熊他们认真遵守规则排队，却没有公平地拥有机会。老奶奶那个乐啊，别人一次都没玩上，她的爱孙孙都玩了四五次了。

碰到这种情况，我看到有的家长就直接杠上了。我不想，我怕矛盾升级，小熊会看不懂，不晓得他看到老爸跟人杠上，心里会想些什么。我只希望孩子的事情让孩子去面对，去解决，去接受，去消化。我只能告诉他：人有好人，也有坏人，也有这样讲不上好坏但是没有礼貌的人，大人也一样。就像香香的瓜子里偶尔也会碰到变质的，让人胃口大坏。但是，要赶紧吐掉漱口，不能再去嚼。碰到那么不讲规则的，我往往是带他避而远之，不能因为别人坏了心情，也不愿意小熊过早地直接交锋不太阳光的人性。

大男孩摈弃“先到先得”规则，最终得到更好的打乒乓球的场所。老奶奶摈弃“排队”规则，拥有了多玩的机会。这是日常环境下挑战规则者获得现实的利益。

特殊情况下又如何？4月16日，韩国“岁月号”沉船……

在长幼尊卑观念根深蒂固的韩国社会，来自上级和权威的要求往往被视为至上规则，不会遭到质疑和挑战。然而，媒体不断曝出消息：不少乘客完全服从船长李俊锡的指令，可能因此失去了逃生机会。具有讽刺意味的是，不少乘客没有听到或者无视船方指令，在客轮遭遇险情后跳下甲板，反而获救。当时接到求救信号的船只，已经来到50米开外，据悉，当时穿救生衣跳海的乘客全部获救。据悉，船上大部分是中学生，有些调皮的或者没有听从船方指令的学生，从甲板上跳海获救，而听话的呆在船舱不动等待救援的学生……

特殊情况下，对规则的挑战保全了生命。

保证安全和秩序的规则与权威，在这个特定的时刻，彻底叛变，走向了反面。我们知道，某些特定的时刻，就是某些关键的时刻。

曾经看到过国内的一条新闻，有个孩子很晚没回家，是因为捉迷藏的伙伴没有找到他就离开了，他就一直躲在角落里，遵守着游戏规则，等着伙伴的寻找。

曾经在小熊读幼儿园的一个冬天，与他有过这样的对话。

“小熊，老师带你们到楼顶晒过太阳吗？”

“是啊。有啊。”

“假如哪一次老师叫你们在楼顶上晒太阳，等她叫你们才可以下来，可是她忘记来叫你们了。天也黑了，气温也降下来了，怎么办？你还会在那里等老师来吗？”

“会的。”

“假如老师忘记来了呢？怎么办？”

“……老师不会忘记的。”

是的，没有我想要的答案。尽管是假设，依然记得那时候小熊的语气委屈、无助。

但是就是没有我预期的答案。我耐心告诉他：“感觉到冷，知道天要黑了，就要想老师可能是不记得你们还在楼顶上了，要自己去找老师。”

为人父母者，大概都要遇到这样的矛盾吧：孩子任性调皮有时叛逆“犯上”目无尊长，就忧心忡忡，担心他闯祸担心他学不到东西；孩子循规蹈矩，对老师长辈言听计从不敢越雷池半步，同样也忧心忡忡，担心他吃亏担心他墨守成规缺乏创造性。

规则与权威，到底是用来尊重的，还是用来挑战的？

That is the question!

规则是用来干啥的

（6岁）一说，规则与权威，既是用来尊重的，也是用来打破的。

小区院子的绿草地，往往有一些石板小路。才入住的时候，路是路，草地是草地，住久了，在某些拐角处，人们为了少走几步会踩出一些新的泥土路。小路就是规则，泥土路就是打破规则。物业公司有时候会在新踩出的泥土路上敷设水泥石块。新的小路——新的规则就出来了。

这个世界原本没有路，走的人多了，也便成了路。

这个世界原本没有规则，遵守的人多了，也便有了规则。

这个世界原本有规则，打破的次数多了，也便有了新规则。

清晰地记得去年暑假，小熊刚幼儿园毕业。我晚上带他去车站路水果店买西瓜。水果店老板的儿子跟小熊年纪相仿，可能是好久没有和人玩了，看到小熊进去兴奋不已，屁颠颠地过来表示亲近。但是他的那种亲近方式很独特，捅捅肚子，敲敲脑袋，得手之后倏忽跑远，一脸得意一脸坏笑。

小熊悻悻然，不胜其烦还要高姿态地讪笑："不痛啊，一点都不痛啊，你来啊。"我看了恼恨不已：这孩子，怎么了？明摆着受人欺负还阿Q精神胜利法啊！我把小熊拉到一边小声责问："怎么了？是不是怕他啊？"小熊也是很恼火："没有啊。老师说了不准还手！"原来这样，大概老师面对一个班级，为了"维稳"，只能这样制定一个大的规则了。

我赶忙对小熊说："不行。这样吧，开玩笑的时候可以不还手，但是小孩子不知道轻重，很可能没有一点防备就被弄伤了。如果对方很不友好你就要警告他，只要对方碰到了你的身体，就必须还手，知道吗？身体不准别人碰。"

"好的。"

看到小熊理解了，我踱步到旁边继续"看"西瓜，当一个看瓜群众。果然，那个小孩又来骚扰了。小熊早有准备，一个正踢腿，正中对方腹部。同龄小孩之间，当然不会造成伤害的，但是对方倒退几步还是摔了个屁墩，嘴巴里"哎呦哎呦"，起来后往前朝小熊走了几步，怯怯的，终是不敢趋近了。

后来小熊告诉我："我看他肚子那里根本没有防备，是个空挡，就快速出击了。留教练说出腿要快。"当时我心里有点小邪恶：在幼儿园的跆拳道班可没有白呆，不愧是大班的大师兄。看来，"打不还手"是原来的"石板小路"，"必要时还手"是"新修的小路"。

原来孩子需要新规则。原有的规则下面，让我们看到的是隐忍、压抑、被动、怯懦，还有不安全！必须打破。

规则是用来打破的？还是用来尊重的？答案似乎出来了：生活中，带给人秩序、便利、快乐的规则，都是必须遵守的；打破之后不造成伤害，甚至能带来便利的规则，都是可以打破的；给人以不安全的规则，都是必须打破的。我告诉小熊：让你觉得不安全的规则，就不能遵守，必须打破、还击、挑战！

早几天，学校发的安全手册上，有这样一条：在感觉到危险的时候，相信自己的直觉，按照自己的直觉去做。这个时候，所有的规则，都应该让位于直觉！这个时候，最大的规则就是：跟着感觉走！

这何尝不是我们成年人为人行事的准则：听从自己内心的召唤！在这个经常是非模糊规则两可的社会，唯有听从自己内心的召唤，才能无愧、无悔、无怨。只是，孩子往往不敢听从自己内心的召唤，而人到了一定的年纪，就很难听到自己内心的声音了。

孩子要有自由时间，不带任何任务，发呆也好，闲逛也好，疯玩也好，完全没有规划，完全自由支配，完全信马由缰。

微批评

（7岁）周末下午，学完钢琴开车回家，小熊兴致勃勃地说着等下一起去"骑单车"的安排。因为先前出发时下雨，开车出门，打乱了"骑单车去学琴，然后骑游"的计划。

周末，"骑单车"当然很重要，没下雨了就得补上。

他先是说去湘江风光带，这对我是大挑战，对他来说也是从没有过的远程；后来就说去高铁站，我估摸着搞得掂。他就在规划路线了。我要求他不要骑得太快，而且要在每一个路口等我，别把我弄丢了。他的骑车速度，早就超过我了。

到住宅楼下时，已是4时50分。

我觉得有点晚了，试探他："小熊，假如老爸说不去了，你会怎么办？"

"不可能撒，都这个时候了，你不会不去的。"

他的声音很高而笃定，语气里面包含着"没有特殊情况，你不可能会取消计划"的潜台词。

我确实是这样，绝不轻易食言，尤其是对他。真是"知父莫若子"。

于是上楼，取单车，出发。

奶奶在准备晚餐，我们告诉她6点回来。奶奶愉快地说"要得啰"。家有一老，犹有一宝啊。我们不但可以尽情骑行，回家还有现成的晚餐。

长冶路。沙湾路。香樟路。

长沙南站——高铁站在望。前面一个较大路口，需要过马路，有地下通道。小熊顺着路右拐遛车，准备从地下通道过去，我跟上。

竟然找不到进地下通道的入口。停车，趴到栏杆边观察，原来地下通道的出入口，就是路边的绿化带，没有路径，行人无法进入。估计是路修好后，一时车多人少，配套设施还没有建好。这一带车多人少，尽管通车已经好几年也没有建了。

“地下通道竟然都有假的。”小熊悻悻然，“何必要建呢？”

继续前行，到了南站正面，轨道集团大楼脚下，杜花路。

“老爸，你看啰，这里怎么这么多地下通道。太夸张了。”

我数了一下，不到100米长路面，7个地下通道出口，是预留的高铁站出口和地铁站吗？真的很多，是“交通枢纽”？

一下子真看不出用途，还是因为暂时“车多人少”吧。

“老爸，听说橘子洲的焰火上电视了，是吧？”

“是啊。”

“那有什么上电视的（价值）呢？不就是放鞭炮吗？”

“很漂亮啊！”

“那有什么！我们小孩子不也经常放鞭炮吗？过年的时候我都放了好多啊。还污染环境，是的吧？”

是啊，“放个鞭炮”有什么上电视的价值呢？“上电视”，肯定也好，否定也好，依然是多么的权威多么的强大啊。

回家路上，骑着单车聊天，没多作探讨。

但我的心被触碰了一下。电视、报纸、电台、网络，作为社会公器的媒体，每天释放、传送那么多信息到社会上，难免有虚假广告，夸大宣传，不实讯息，不妥言论，还有正面的负面的花边的对人们生活可有可无的新闻。

不管来源如何，总是通过媒体发布出来。

不管你信不信，不管你要不要，媒体客观上裹挟舆论。

人们无可拒绝。

可是，作为受众的小孩子、未成年人，无法拒绝的同时，也无可辨别。

今天早上翻看小熊正在阅读的书——《正确使用身体》，中间有一幅猫的插图——配文竟然是“它昨天晚上一动不动的，我想，它可能想要雌猫了”。

我呸——

身为媒体人，算是更深地理解了舆论导向的重要性。小孩缺乏辨别能力，其实对于某一特殊情境下特殊事件中的民众，也和小孩类似，也缺乏必要的辨别能力。“超女教父”魏文彬说“导向金不换”，诚哉斯言。

言归正传。

我承认我小时候也有“爱管闲事”的情结，也喜欢对一些事情“指手画脚”，动不动联系到“集体”“社会”“国家”“历史”什么的。

我相信很多人也如我一样，少年、青年时候，多少有一种“天下”的情怀：会被“一屋不扫何以扫天下”的句子搞得血流加速心潮逐浪高；假设自己生在战火纷飞的时代，也会狂想“匈奴未灭何以家为”的豪迈；至不济，也要把栏杆拍遍手撕铁板鱿鱼喝烈酒唱大江东去……可是，随着岁月的淬炼，理想如一块生铁，曾经不断被烧得通红，也只是不断被现实的冷水浇成一股青烟。

记得2003年，因为单位划转，三个被“就地解散”的青年聚在一起喝酒，左家塘街边，露天夜宵摊，热气腾腾，理想碎了一地，牢骚干了一杯又一杯……

慢慢不再有那么多牢骚。

柴米油盐房是绕不过去的主题，车子甚至酱醋茶均可以不在考虑之列。

竟然找不到进地下通道的入口。停车，趴到栏杆边观察，原来地下通道的出入口，就是路边的绿化带，没有路径，行人无法进入。“地下通道竟然都有假的。”孩子悻悻然。

不再“拍栏杆唱大江东去”了，只有“喝烈酒”一如既往坚持着。等到苦哈哈地按揭了房子，紧巴巴地买了个车子，明白了天上终究不会掉馅饼，明白了砖还是要努力搬。收紧了羽翼，不再随便发问了。狂热的牢骚逐渐被理智的现实严丝合缝地覆盖，小声嘀咕几句算了：“跟自己的过去比，一天天在变好嘛。”

换了几个单位，看多了，历多了，四十不惑了。所谓不忿均能视若无睹了。“见，就是不见。”唯有与几个莫逆碰杯的时候，往往哈哈一笑：“人生，一切，不过，如此而已——”

话说，8岁的小熊，也是有了爱管闲事的责任感吗？要不怎么会有这些关于社会的微批评呢？

难道或许也许一定是的吧。

小熊还小，他的未来还是一个理想的王国，就让他质疑吧，就让他批评吧，就让他愤懑吧。

他还小，他有这个权利！

奔跑吧，少年！

公平的心

（一）

（8岁）六一活动，校内足球比赛，教练将队员分成一队和二队，每队三个小组。

三个小组轮流对阵，七人制，各打十分钟。

第一轮，小熊作为一队——二三年级联队的队长，带队出战。首发阵容，貌似是他们的最佳阵容。

鸣哨开战，双方攻防激烈，场面紧张，各有射门、任意球、抢断、过人、回传、配合等，比起一个月前第一次跟吉联小学的对阵，大有进步，队形保持得不错，位置感也很明显。

小熊在场上，积极主动，还有“前锋没人，快！”“给一个！”“找人找人，一对一，盯住！”等大声吆喝的临场调度。

对方的第一组也是最佳阵容，看起来速度、技能、力气、身高优势明显。

十分钟过后，双方虽然各有凌厉攻势，但最终互交白卷。

第一组下，第二组上。

双方的第二组旗鼓相当，实力明显比第一组逊色。很快，进球就出现，几番轰炸之下，一队3:2领先。

我看到小熊一个人坐在花坛边观看比赛，就走过去坐在他旁边。

“小熊，领先了哦！”我跟他说。他没有看我，咕哝了一句什么“不公平”。

我愣了一下，问：“为什么呢？”

“跟我们一组打的都是高年级的，大部分是五年级，还有一个是六年级的。”小熊的声音都有点变化，我才意识到问题的严重性。

“哦，是教练特意这样安排的吧，你们一组把对方最强的选手干掉，接下来你们二组、三组就有优势了，是吧？”

小熊没有接茬，还是说“不公平”，还用手背抹了一下眼睛。我感觉不对劲，转过去看，发现他眼睛红红的，明明是气得不行，胸脯也一鼓一鼓的。

我一下也不知道说什么好，这时教练在招呼他们到场边看球了。

（二）

昨天下班回家，小熊的作业已经做完了。他兴致勃勃地告诉我：“今天好开心，一是今天打了一场比赛，还有就是我的数学测验满分，全班两个人满分。今天是我的生日呢！”我其实早就从QQ群知道了考试结果，还是惊讶万分地表达了我的不满：“为什么？难道你真的比我小时候果然厉害了那么那么那么一小篾片？”

“切——，我比你强多了！”

“当然，我小时候在农村，哪里有你这么好的条件？不公平呢！”

“足球比赛怎么样？”

“0:4，又输了！那个裁判好过分，给了我们一个黄牌，但是我们队员有一次摔倒，头部着地了，裁判都没有吹！”

“你觉得裁判不公平是吧？”

“是的。李教练都和裁判吵起来了！”

“你们实力跟对手还是有差距的吧？”

“是的。”

（三）

我决定继续聊聊公平的事情。

“小熊，世界上大部分事情都是不公平的，你信不？”

“……？”

“比如跟你结对的那个湘西小朋友，都是8岁，但是他没有你这么好的学习条件，是不？你觉得你俩之间是不是有点不公平？”小熊第一次独自远足就是去湘西一个同龄孩子家七天，他对此记忆深刻，也很有感受。

“是的。”

“在你们班上比起来，我们家算有钱的吗？”

“不算。”

“那算不算很穷的？”

“也不算。”

“那是不是有点不公平？”

“有点，其实也没有什么问题。”

“嗯，有一棵树长在山上……”

“老爸，等一下，为什么是一棵树，不是两棵树？”

“还有一棵树长在山下。长在山上的，有更多的阳光、雨水、风景，这对山下的树来说，有点不公平吧？”

“是啊……”

“所以，我告诉你啊，不公平是到处存在的，严格地说，几乎所有的事情都是不公平的。像你说的，有点不公平，其实也没问题。”

（四）

“但是，也有很多事情是公平的。比如说时间，无论对谁来说，时间是绝对公平的，国家主席、世界富豪、街头乞丐、战争难民，每个人每天都是24小时，都是公平的。还有阳光、空气……”

“老爸，不对。阳光有时候被遮住，空气嘛，有的地方有雾霾，有的地方没有，也是不公平的。”

“嗯，阳光和空气也不公平。那我们想一想，世界上除了时间，还有什么是公平的呢？”

“还有学习，学习是公平的，老师讲课，对学生来说是公平的！”

“嗯，有道理！但是，学生在教室的位置有的近有的远有的偏，还有学生的智商身体状况，也不那么公平啊！”

“假如是两个学生，智商一样，面对同一个老师，那就是公平的。不过，在同一间教室，那也没有什么问题啊！”

“是的。学习是公平的！”这个观点，我还真是没有想到，也是第一次听说。从内心同意。

（五）

“从天时、地利、兵力、装备等方面来说，所有的战争，都是不公平的。但是，历史上以少胜多，以弱胜强的战例很多。胜利的一方绝对不会抱怨各种不公平，失败的一方抱怨也没用，是吗？”

“是啊！”

“同样，所有的竞争、比赛，也是不公平的。比如教练水平、队员素质，都不相同，甚至有很大差异，是不？”

“从天时、地利、兵力、装备等方面来说，所有的战争，都是不公平的。但是，历史上以少胜多，以弱胜强的战例很多。胜利的一方绝对不会抱怨各种不公平，失败的一方抱怨也没用，是吗？”

“是啊！”

“是的。”

“嗯。所有的竞争，就像你们的李教练说的：你不干掉他，他就干掉你！最终不是赢，那就只有输。”

（六）

“小熊，世界这么不公平，每个人都可能碰到不公平的事情，你说是不是？”

“是的。”

“碰到不公平，我们应该怎么办？”估计他也没有想好，干脆直接给出答案，“首先，我们不能抱怨，因为抱怨没有用。其次，我们要尽量接受、坦然面对。第三，如果你觉得无法接受，就要想办法改变，改成你觉得公平的方式。而要改变，你必须让自己变得非常强大，你强大了，你就会觉得不公平啥的都无所谓了。就像踢球一样，如果你很强大，一点点不公平，也不会影响你取得胜利！所以我们不能过分要求公平。”

（七）

其实想聊的还有很多，比如：不公平既然这么多，几乎无处不在，那就每个人都会碰到，那就是公平；公平只在于你的内心，你还不知道别人的想法是怎么样的呢；公平与否，也没那么重要，重要的是你自己的感受和接受度；公平属于强者和最后的胜利者；我们要做的，是制度设计得尽量公平。可是学者教授们说，这是一个看不到终点的征途……一下说这么多，他必然消化不了。

记得两年前，问如果给他生个弟弟或者妹妹，他会取什么名字。他认真地想了以后说：熊中公。听到这个名字，我笑得说不出话来，问他是什么意思。

“中公，就是中国公民的简称；还有呢，公，就是公平的意思。”

对于这么考虑、在意、追求公平的同学，我的这番说教，是不是科学、正确？对他幼小的心灵会产生什么样的影响呢？

真不好估量。

我总是担心自己太残忍。可是不告诉他，总归不好。

被欺负

一、冲突和冲突之后

（9岁）“老爸，今天练球的时候发生了一件不愉快的事情。”

“怎么回事？”

“我们球队在练球的时候，有个不是球队的同学在旁边踢球，追球时冲进了我们的练习场。队友赵某某猝然收脚不住，踢到了那个同学。”

“嗯，然后呢？”

“那个同学很生气，抽了赵某某俩耳光。”

哦，情节比较暴戾：“后来呢？”

“后来教练看到了喊那个同学站住……可是那个同学跑了。”

二、小熊，你怎么看？

我认真听了，决定跟小熊好好聊聊。

“小熊，你怎么看这件事？”

“我的队友不是故意踢人，没有错。那个同学在放学时间还在学校逗留，本来就不对。”

“嗯，你分析得在理。球场上踢到人是难免的，一般不会有什么大的伤害，当场道歉就可以了，赵某某没有错。那个同学不守纪律，对人野蛮粗暴，没有教养。”

小熊表示默认。

“教练的处理方式，你怎么看？”

沉默。

“我觉得教练的处理，是对的！必须这样！”我补充。

接下来问的问题是一个考验，而答案就大大出乎我的意料了。

三、小熊，你怎么办？

“小熊，假如你是赵某某，你会怎么办？”

对于这样的问题，小熊一下子就被代入到情景当中，脸涨得通红，几乎说不出话来。

“我是说，假如，就像今天的情况一模一样，只是你就是那个赵某某。”我可不想理会“代入感”带给他的难受。

小熊还是很快给出了答案，可是答案让做父亲的我心痛不已：“我要看谁是对的，我会问他认为谁错了。如果他认识到他错了，就原谅（他嗫嚅着，又好像说就算了）；如果是我有错，我就……”

“废话少说！”我听不下去了，马上打断他的话。小熊的思维是秀才的思维，面对流氓的行径，秀才是会吃亏的。

“听好了，小熊：其他事情都可以讲道理，但是身体不容侵犯！无论是谁，陌生人，熟人，任何人都一样，都不能恶意地侵犯你的身体！严格地说是不准恶意触碰！绝对不允许！绝对！明白了吗？只要恶意触碰你的身体，就要警告！就要避开！！就要以最有效地方式保护自己！！！不管他什么理由，任何人，任何理由，都不行！这是最高准则！知道吗？”

“嗯！”小熊郑重地点点头。看他的神情，我感觉到他的如释重负。他起先给出的答案，来源于集体教育吧？他自己也一定很纠结。

四、你必须强大！

我继续上课：“如果碰到今天这种情况，你必须毫不犹豫，马上打回去，还记得在车站路那个水果店吗？那个小孩子老是骚扰你，你一脚踢倒他之后，他都不敢靠近你了……”

“是的。记得。”小熊眼睛里面有一种自信、坚定的神情了。

突然想起《射雕英雄传》里在大漠上七师父韩小莹对郭靖说的真言，我马上补火：“当然，要看对手的实力，‘打得过就打，打不过就跑’，这个要靠自己估计。但是有一点，不管对手实力如何，必须做的：报警。打110是报警，在现场大喊大叫，让周围的人知道，让老师同学知道，也是报警，这个是必须的！”

为了保证“教学效果”，我适当延伸：“你明天最好是跟你的队员说说这个事。”

“教练已经说了。”

“你还可以说，你是队长。”我补充，“像今天这种情况，你们队员应该把那个家伙围住，叫老师过来。你们球队，以后肯定会碰到类似情况，有时候被恶意犯规，有时候对手故意挑衅，比赛难免发生冲突。你们全队一定要团结，拧成一股绳，一定要互相帮助。现在你们还小，任何情况下，首先保证自己的安全，还要有团队精神，保护、帮助自己的队友！好不好？”

“好！”

我的这堂课，放在集体教育的语境中，值得商榷。但是“骂不还口打不还手”这样的条例，怎么也不能跟孩子说吧。

人不犯我我不犯人，人若犯我我必犯人！一切反动派都是纸老虎！以战止战！

要做到这些，你必须强大，从内心，到外在，从个体，到团体。

五、不是续集

“小熊，那个打人的同学，你认识吗？几年级的？”

“好像认识。我下楼的时候好像在五年级的一间教室看到过他。”

我真想说：“那好，你明天约他到球场跟你们球队‘聊聊’！”

不过，终于忍住了！我只告诉他：“不早了，睡觉吧！有什么事情都跟老爸老妈说，这是对的，表扬你！明天7点20起床！晚安！”

因为金庸老师告诫我们：冤家宜解不宜结！

孔老师还好像曰过：活在当下。意思是有什么“活”，当下就要把它干了。

要不就变成了罗大佑老师苍凉无奈的唱词：水过三丘，哦——，月过山丘。

卷四·暖心人

一欧语录 >>>

◎ 爸爸，你出差这么久没回家睡了，你睡早点，就不要给我讲《西游记》了。（3岁）

◎ 妈妈，我还忍得住，你先去啰（半夜起来，小熊要尿尿，妈妈说她也是，睡眼朦胧的小熊表达很清楚）！（4岁）

◎ 爸爸，坐电梯的时候不要走到太里面，尤其是这种空间大的。那样电梯开门的时候就容易出去一些！（4岁）

◎ 妈妈，打蚊子要从蚊子屁股后面去打。那样它就看不到。（4岁）

◎ —— 小熊，你爱爸爸有多少？

—— 很远很远，有到银河系的边边那么远。

—— 哦，这么远啊！那爱妈妈呢？

—— 比银河系还要远……

——啊？……（我的语气里有点失望混杂着醋意。）

—— 在银河系最边边多一米，就一米，没事吧？啊？

—— 好吧……那爱奶奶呢？

—— 宇宙！宇宙那么远。（5岁）

◎ 老爸，以后买车最好是别买红色的，红色光波波长最长，容易引起视觉疲劳。（9岁）

◎ ——小熊，可乐鸡翅这么好吃，给老妈留点吧。

——好啊，这两个本来就是预备给她留的。

——呵呵，感觉是我们吃剩下的就留给老妈。

——可不是的呢，要说呢，这两个我完全能吃下，也想吃掉，虽然会有点撑。（9岁）

小熊第一次独自远足就是去湘西一个同龄孩子家七天，他对此记忆深刻，也很有感受。

微感动

（4岁）这段时间都是我送小熊上幼儿园，一般是8点起床，8点半到。

很快就4岁了，小熊的成长都是看得见的。天气越来越好，小熊也越来越不赖床了。这段时间，他学会了自己穿外套、裤子、鞋子，学会了自己洗脸刷牙。当然，工作质量还是有待提高再提高。

今天一早，磨磨蹭蹭的他在我弯腰换鞋的时候，拉开我上衣口袋拉链，塞了一辆比拇指大一点的卡车进去。我以为他闹着玩，也没有怎么在意，等他和奶奶说了再见就出门了。

有太阳，有花，有树，也有鸟叫。小熊在我前面开心地走着，看到小沟还要跳过去。也是在这个春天开始的时候，他上幼儿园的路上都是兴高采烈的，不再是很不乐意的了。

出小区门的时候，他勾着我的手告诉我："爸爸，到办公室不好玩了，你就玩一下子小车吧。"

我这时才记起他放我口袋里的车子，原来是这样。但是还是装模作样地说："什么小车？在哪里啊？"

"我的渣土车啊！在你口袋里啊！你自己看噻！"

"哦？是你放的啊？"

"是啊！"

看他那认真的得意的样子，我都觉得自己感受到了他心中的快乐。

在他的心目中，车子一直是个很好玩很好玩的伙伴啊。自从他认识车子到现在，所有的车子都是百看不厌百玩不厌的。两岁那天，姨爸爸给他买了一辆自行车，到现在还是他的最爱，倒车转弯撒把玩得比大他一两岁的孩子还要熟练。刘世博哥哥送给他的滑板车，他能玩得让其他年轻妈妈看得心惊肉跳惊呼不已。门口经过的公交车很多他能一看外形图案就晓得是几路车，家里来客人了他最热心的问题是：“你坐几路车来的？”他甚至能比我更清楚地告诉客人好几条线路，尽管好多地方他也没有去过。他说他长大了，就要开公交车。爱车及其他，交通标志是他坐车一路最好的景点，交警的手势是他最爱模仿的动作……他可能是觉得我的办公室不怎么好玩，也有点担心我在办公室“玩”久了无聊，所以把自己的宝贵经验和爱车一起给了我吧。小家伙晓得关心人了哟。

还有一次，好久以前了，周末带小熊去踢球。

像我这种先天瘦弱后期缺乏培养的球员，最好的位置就是后卫了。

后卫位置也是离球迷最近的位置。对方前锋带球冲过来了，我心也慌气也喘手也忙脚更乱地压着前锋跟着他的假动作甩来甩去，跌跌撞撞，短时间内频繁转移重心，早已是头晕气促莫辨东西南北中。就在这个“跌跌撞撞”中，耳朵边是呼呼的风声，却有一个声音很脆亮，那是小熊的声音：“爸爸爸爸，别着急别着急！”呵呵，他还不懂球场的规则和技巧，他担心的是我摔倒。他可能是第一次看到我那么着急吧，还不晓得喊“加油”，声音里，有关切有支持有旁观者清的指点，有着一种最贴心的安慰。

平时家里的好吃的，要是谁不在家，小熊都很开心地给留一份。只是有时是越留越少，那次他妈妈上晚班，他给妈妈留了一把红枣。“妈妈还不回来，我给妈妈留6个吧！”

“妈妈还不回来，我给妈妈留5个可以吧！”

“妈妈还不回来，还是给妈妈留4个算了吧！”

……

最后，只留了1个的时候，小熊总算坚持住了。小孩子在好吃的面前守着等着看着想着，可真难为了他。

他妈妈回来了，门一响，他就高声叫着跑过去：“妈妈妈妈，我给你留了红枣呢！”

在这些时刻，孩子的心里，大人和他自己，是平等的，大人关心他，他也关心大人。而且，他也是尽自己的所能，毫无保留发自肺腑地关心大人。

笑话大王的糗笑话

（5岁）小熊说，他们班上有许多大王，有故事大王，有陀螺大王，有恐龙大王，他是他们班的兵器大王，因为他的兵器最多，同时还是笑话大王。

“未必你会讲很多笑话吗？”我问。

“是啊！”

“那——讲一个。”

“好噻。”

“我跟你讲一个泡温泉的故事啰。有一个人噻，准备去泡温泉。脱光了衣服走出来，看到一个门，打开走出去。他以为自己来到了温泉池旁，结果，他发现自己来到了大街上……呵呵呵，呵呵呵，好笑不？”

“哈哈，你是说你自己吧？”

“说你呢……我再给你说一个啰：有一个人噻，他在走路，走着走着，摔了一跤。因为他绊到了自己的脚。那个人啊，就是你——”

“——的崽崽——”趁他话没有说完，我马上给他接了一句。

“——的爸爸的爸爸的崽崽！”小熊听明白了，马上继续接，把糗事的主角还给了我。

“好了，不说这个了，给我讲个别的吧。”

“今天没有了，下次吧。”

“有一个人噻，他在上班，不知道怎么搞的，成了木头人。可是他自己都不知道。”

“啊？怎么会这样？”我确实有点错愕。

“是啊。上了八九个小时班，要便便了。可是那木头人噻，又没知觉，又动不了，自己便到裤子里都不知道。”

“哇，好恶心！”

“后来他恢复了，大吃一惊：咦，我屁股下面怎么装了一个自动发热装置？”哈哈哈，亮点竟然在这里——“自动发热”。没有某种亲身体验，大概不记得这种感觉吧？

有一次，开车到一个朋友家，地下车库很大，迷宫一样。

“爸爸，我给你讲个笑话啰。”回家路上，小熊兴致很好。

“好啊。”

“有一个人噻，开车到一个小区的地下车库，那个车库很大很大，有一个区那么大。”

“什么区啊？”我表示没有听懂。

“这个区啊，是雨花区的那种区。小区很小，地下车库很大。结果，那个人在车库里面迷路了。（车库）厉害吧？”

“小熊，给爸爸讲个笑话吧，你好久没有跟我讲了。”昨晚在小区散步。

“好吧。有一个人买了一辆新火车，开着开着突然起火了。原来是机油没有了。本来还有一点点的，他想着还能开还能开，结果起火了，车子烧毁了。”他可是张口就来，“你知道吗？就在他车子起火的前面，就有一个修理站，就一米，就我一个横叉的距离。”

就这样一些简单的情节，在我们大人看来，无聊无趣无厘头，可是在孩子眼里是多么的充满乐趣啊！他那绘声绘色的表情、语调，极富感染力!几乎可以让人身临其境。

不过，五六岁的小男孩，开始说脏话了。

而且脏话在他们听来，都是让他们笑得出眼泪水的话。而且说得那么自然、欢乐!

真没辙。

面对这个情况，我应该怎么引导呢?

顺其自然，绝对不能强化。而禁止，就是最有力的强化。

看看他什么时间能自我觉悟吧。

内心甚至还希望男孩子野一点。

其实这些笑话，都有他生活的影子，要么是他的经历，要么是他身边的事情，要么是看过的新闻。可见环境对一个人的影响。

暖 心

（7岁）今天，小熊满七岁了。小熊妈妈因为有个蜜友的儿子今年高考，恰好今晚应邀临时过去做考前“烘焙”，就我和慧姐跟小熊在家。遵照小熊的选择，三个人到大官米线吃了个原味粉就回来了。今天是农历生日，到阳历生日那些宠他的老人家才会过来，还要过些时候。想起小熊昨天还问妈妈“你到底是农历生的我还是阳历生的我啊？”哑然失笑。手头的事情比较多，特殊的日子还是静心坐下来敲几行文字。

恍惚转眼间，小熊七岁了，我也已不惑。

七年来，小熊带回家许多小小的荣誉，总是让家里充满了前所未有的快乐。最近的是，小熊和班上的10个同学一起被评为“泰禹榜样”，他被选为“关爱助人之星”，尤其是班主任说“小熊在班上人缘很好，得票最高”，让人心里暖意顿生。明天早上8点，他还要和班上的黄筠鸣同学一起，作为“诚信少年”去学校礼堂开会，他骄傲地告诉我“区教育局都会来人”。或许父母对自己的孩子都有点偏心吧，这样的荣誉，我偏执地认为高于其他评价。

父母者，谁不认为自己的孩子好呢？现代的学校，跟我们小时候比，进步真不只有一些些。他们学校似乎确实不只是注重成绩。和学校的校长有过一次深谈，感觉到那是一个真正有着教育情怀的仁者；班主任虽然刚刚毕业，日常感受到她对所有孩子发自内心的爱和对“教育”的理解，从内心觉得孩子到这样的学校度过童年，是我们的幸运。

七岁的男孩，我无法揣测他成年以后对于自己的这个阶段，会留下什么样的记忆。我是很容易从生活的片段中，为他捕捉到一个闪光的词语——暖心。

早些时候，单位组织行业内的考试，配发了一支2B铅笔和一小块橡皮。因为只有一场考试，那块橡皮是从一大块上切下来的一只角。考试结束后，我拿回来放在书桌上。小熊拿起橡皮看了看，说：“老爸，你也要用橡皮啊？”

“是啊。”

“这橡皮太小了吧？”

“没事啊。”

“我明天送你一块，明天数学老师会奖励我一些小东西。”

“好啊。先谢谢了。”

第二天，小熊果然拿了一块崭新的橡皮给我：“陈老师要我选，我特意给你选的，还有尺子、三角板我都没有要。”小伙子说完就步子轻快地出了书房，那语气，那步伐，透出一股可以为老爸分担些许的自得或者自豪。其实他不知道，我已经考完了，要用2B铅笔填答题卡和用橡皮改正的考试，真不知道何年何月再碰上一场。但是我还是很认真地道谢，很宝贝地把橡皮收好了。

早几个周日的一个下午，在车上。小熊和妈妈讨论着以后的工作。小熊的职业理想，已经不再只是做公交车司机了，他以后要有时间才去开公交车。因为他答应给他妈妈买宝马给我买奔驰，知道了公交司机的工资难以实现目标。小熊妈妈说：“那你就给我买个一般的车就可以了啰，就标配吧。”小熊不同意：“不呢，买就买个好一点的噻。”我在开车，一直没有搭言。听了小熊这句话后，我感觉到小熊转向我，认真地说：“老爸，你也一样啊！”潜台词是“也给买一个好一点的”。语气里，分明是在“平衡”，担心我受冷落。

前几天到南郊公园玩了回来，在一个路边店中餐。店里有一个机器人做刀削面。小熊进店就围着机器人看，我坐在桌子边守包裹。然后，吃完了，坐在桌子边休整。小熊对我说："老爸，你去看看机器人啰，你还没看。妈妈上次看过了的。"说完，扫了一眼包裹，"我们来守行李，没事的。"我马上起身，"兴奋"地去看机器人削面。在小熊眼里，这是多么享受的事情啊！

有天晚上我和他骑车到圭塘河风光带。河中央有大石，断续相连，间隔不大，游人从石面上可以到达对岸。我们把车停好，沿着石头桥到了对岸。水声哗哗，水在石头缝隙中蹦突，溅起浪花。回转时，我们看到另外还有一些大石，相距较远，石面也不平整。我好玩地问小熊："你能跳过去吗？"其实看那距离我也跳不过。小熊摇摇头说："不能，太宽了。"我说："我应该可以，我试试看。"一边说我一边作势要跳。小熊一把拉住我："老爸老爸！你还是别跳了。""为什么呢？""我可不愿意你去冒险。"那么真实，那么自然的流露。那一刻，我想我再也没有在其他地方听到过这么关切的话语。

有个说法是，父亲和儿子是天生的对头。也有朋友看了我的《带崽记》，开玩笑地说"看你们父子关系能好到什么时间啰，到崽大一些，你就搞不掂了"。我不知道怎么应对朋友的话。传说中的3岁的6岁的所谓叛逆期，在小熊身上都不明显。

小熊妈妈多年来总爱问小熊一个同样的问题："你最爱的是谁？"小熊的答案似乎一直是"妈妈"。有时候在我强烈的抗议下，他会修改成"爱妈妈比爱爸爸多0.000000……1，没事嘫？就多那么一点点一点点哎！"最近，据绝对可靠的消息："刚才我们去买饮料的路上，我问了他，他的答案变了喽。他说他以前还小不懂，现在长大了知道了，他最爱的是我们俩，都是一样的。"

很多做父亲的，会在孩子生日的时候送给孩子金玉良言。我想过，总觉得要说的太多，为人处世读书学艺生活习惯等等，不是五个十个词语十条八条箴言包罗得了的，所以一直没想好。就琐琐碎碎地记下一些，在他七岁生日的这天给他贴上一个标签：暖心。

在这些时刻，孩子的心里，

大人和他自己，是平等的，

大人关心他，他也关心大人。

而且，他也是尽自己的所能，

毫无保留发自肺腑地关心大人。

父子联手阻击牙髓炎

（8岁）下午两点开始，感觉左下侧的磨牙好像崩了一小块。一丝凉，一丝隐痛，钝钝的。

开始没有在意，以为是嵌塞的食物碎屑自动掉出。这世道，牙缝它它它……老是塞东西！

疼痛，突然加剧。疼？还是痛？我搞不清了，都一样，疼痛合璧。

好像被恶毒地偷袭，身体的叛贼，潜伏到了牙齿内部，暴起！小小的刀尖锋利，一毫米宽，不是针尖，一下一下在牙齿内部刺动。那刀尖，汪汪的靛蓝，一定淬了剧毒，毒蜘蛛鹤顶红孔雀胆，五毒教主何铁手的杰作，也或者是六六六，甲胺磷，硫酸，三聚氰胺，还混合了人民公敌PM2.5。

痛啊！疼！

到了4点，我确定坚持不住了，匆匆关掉电脑，告假，下班。说话都不利索，要流口水的感觉。要赶快回家，用盐水漱口，看能不能缓解。实在不行，就包一口盐。

一路开车，一路痛，有时候感觉踩离合器的时候，注意力都没在脚上。等红灯的时间显得无比漫长。看到有人“挤油渣”，直想骂娘。路怒族！就是我！

还有不合时宜的电话，差点让我把手机扔到车窗外。

到家，温盐水刷牙。

貌似好了一点。

“小熊，等下你陪我去牙科诊所吧!”

“好的！”

但是不行，马上又发作。逆贼猖獗,大举进攻。

饭菜上桌了，也不行，得马上去医院。

“小熊你吃饭吧，我自己去算了。”

跌跌撞撞下楼去，那家口腔医院竟然没有开张哦。

到药房，买了药师推荐的所有药：奥硝唑、丁细康……

药师说要饭后服药。回家，吃饭，用右侧牙齿狼吞了两小碗米饭，勉强嚼了3根茼蒿。

服药。一大把。又一大把。两小片。一个去痛胶囊。又一个去痛胶囊。

温盐水，漱口。温盐水，漱口。

温盐水，漱口……

没有效果，还是痛。这药没有用唉——

以为温盐水加点温会有些效果，结果痛得更加不同凡响，深沉又锐利，还加上水煮和烧灼……

疼痛如潮，一波还未平息，一波又来侵袭，每隔两分钟，或者是每隔100秒，无穷无尽无休无止。我栽倒在床上，头顶着床板，估计是一个练瑜伽的姿势，或者是西域胡疆神秘的一个武功招式，或者是欧阳锋逆转经脉练蛤蟆功第一式。唯此别无他法，不懂也没事，宁愿走火入魔也胜过这般疼痛。用左手拳头顶着左脸颊，疼痛似乎迟钝，减轻了一些。我如同机缘巧合找到一个诀窍，一门神奇的武功就要练成了。

“小熊，来帮老爸压着脸！嗯，就这样，哦，好多了。”肉乎乎的暖和和的小手，比我的大手效果好多了。

“再用点力，崽崽，用拳头！”

“好嘞！是这样吗？”

“嗯，好多了！”

“这样怎么会有效果呢？老爸。”小熊对这个方式提出了疑问。

“用外力压迫血管，血流速度减慢，就不会那么痛了。”

“哦！”他似乎懂了，表情更加专注。

……“这样吧，我现在好一点了，你先去洗澡吧！快点洗完过来帮我啊！”过了一会，本波次的疼痛减轻。

“好的。”

……可是，疼痛这家伙，就是那么顽强。在小熊快洗完澡的时候，又来一波次猛攻。下午的时候大概还能够明确是哪几颗牙齿在作祟。这个时候，疼痛们已经逐渐形成了阵地：先是整个一排牙齿；很快是上下两排牙齿；接下来是半边脸，都被攻占。

“小熊，快来，我受不了了。”

“好的，我来了！”

不顾奶奶在叫他擦干脚，小家伙从浴室踏着拖鞋跑过来，一下蹦到床上，小拳头就直擂过来紧贴着我的左脸颊了，然后才缩手缩脚钻进被窝。只穿着内衣内裤哪，头发还是湿漉漉的，那么认真地使着力气。那一股小小的但是认真的倔强的力气，真的让我的疼痛减轻了许多。我的臂弯里抱着他，他的手用力压着我的脸。痛并温暖着。

“小熊，吃了药怎么会没效果呢？”

“我也不知道啊。百度一下吧！”

他找到手机，一只手在那里搜索。查了，可能是牙髓炎。“髓”字不认识，问我。

查到医院电话，打过去，可是口腔医院晚上急诊不治疗。

“小熊，这样看来，今天晚上没办法睡觉了，好痛哦！”

“那只能叫妈妈回来了。”

“妈妈在上晚班哦。好的，你叫她啰。”

拨号。

“妈妈……你快回来啰，老爸牙齿痛。急诊晚上没有医生。他说今天晚上没办法睡觉了。你回来啰！”

这一刻，一边帮我压痛处，一边在手机上百度，再打电话给老妈发号施令，8岁的小伙子，成了一家之主。

牙齿真的很痛，是真的。可是，我的表现有一点点夸张，这也是真的。在他面前，我就是要这样。

很晚了，不敢再吃药，直接把奥硝唑撒到“逆贼”上。奥硝唑的味道苦得特别新鲜。

稍稍安睡。

某日在网上“观星相”，说我今年要遭遇背叛，果然又一次应验：身体背叛——身体背叛了我。遭遇背叛原来这么痛，还这么苦。

第二天，到医院照片，检查。好家伙，四颗智齿，其中一颗顶坏了一颗好牙：牙髓炎。

第二天下班回家，小熊妈妈告诉我：“小熊放学回来，刚进门就问我你的牙齿好了没有呢。”

妈妈给我的爱

熊一欧（6岁）

那天我学完数学回家，忽然觉得头昏脑胀，天旋地转，便躺在床上休息。

妈妈回来了，见我这副模样，赶紧给我量体温，在这好似半世纪的五分钟里，妈妈坐立不安，心神不宁。体温计拿出来一看，不好，38.5摄氏度。妈妈二话不说，赶紧给我喝了“美林”和“阿奇霉素”两种特效药。在之后的几天中，妈妈一直都在无微不至地照顾我。又过了几天，妈妈带我去医院，医生开了几服中药。吃完药之后，我的身体有所好转。现在我的身体已经完全恢复，这一切都是有了她无私的付出。

母爱就像大海，我怎么都游不出去。

喜欢和我玩的姑姑

熊一欧（7岁）

我的姑姑很喜欢和我玩，我每次到宁乡，都要去姑姑家。

我小的时候（包括现在），经常到姑姑开的饭店去玩，别看只是一个小饭店，却是我的游乐场。我到厨房“炒菜”，我的姑姑就在一旁“点菜”；我在柜台“结账”，姑姑就来“买单”，我就拿着计算机有模有样“结账”。

吃午饭了，我的姑姑还给我做了我爱吃的肉丸汤和土豆丝。我吃得津津有味。我的姑姑还在旁边的超市给我买了许多吃的，要我带回长沙吃。

我不希望姑姑变老，但这是不可能的。相信若干年后，这里是我的一个美好的回忆。

爸爸，我想对您说

熊一欧（8岁）

世界上最爱我的人当然就是您——爸爸。从小到大，每个周末或者长假，您都要陪我出去玩或者旅游。竞选大队委的时候，您和妈妈为了我竞选成功而忙到晚上12点。还有我每个不会做的题目，您都一个个耐心跟我解答，我才有现在这么优异的成绩。

这一学期中，我的语文成绩均在90分以上，数学一次获得100分，另外我还当上了大队委，还出去和外校打了两场比赛，虽然都输了，但是让我的实战经验更足。我们组还有一次荣誉，还在班队活动中拿了第一名。这一切都是有了您无私的付出才得到的。

我不足的地方就是粗心，有时把“语无伦次”写成“语不伦次”。还有，把握不住时间，有时错误更正一遍还是错的。我不足的地方会尽力改正，把握好时间，检查好错误并更正。

爸爸，您为我付出了这么多，我长大后一定报答您！

卷五·探索者

一欧语录 >>>

◎ 爸爸，烈士公园的反门在哪里？（3岁）

◎ 我是小孩，芳姐是大孩，那轩哥是中孩吧？（3岁）

◎ 星期二是大后天，星期一就是中后天，星期天就是小后天，对不？（3岁）

◎ 星期一就是星期王（one），星期二就是星期兔(two)。（4岁）

◎ 假如有一天，水和火打起来，谁会赢？如果水和火一样多。（5岁）

◎ 看东西时，越远就越小，越近就越大。是吗？爸爸！（5岁）

◎ 爸爸，一般过了元旦不久就是过年吧？（5岁）

◎ 辈分小的人的外婆都比较年轻。是吧妈妈？（5岁）

◎ 爸爸，圆形怎么样放都是正的。是不是？（6岁）

◎ 妈，每个国家的首都都在中间一些吧？（6岁）

◎ 老爸，是不是每个省份的车牌头个字母都是A？（7岁）

◎ 其实不是宇宙很大，是人太小了。（6岁）

◎ 空间站里没有空气，说话应该是听不到的，因为声音需要空气才能传播。但是宇航员王亚平怎么能够给我们授课呢？（7岁）

◎ 瓶子里的水旋转产生漩涡，为啥把瓶子倒过来漩涡就消失？（7岁）

◎ 爸，是大脑控制身体？身体控制大脑？还是身体控制身体，大脑控制大脑？（8岁）

不要相信孩子天性胆小什么的，
要解决孩子的“胆小”问题，
就是让孩子多接触多了解外面的世界，
对于熟悉的事物，孩子是不会怕的。

经典故事量身定做

（3岁）我脑子里故事不多，翻来覆去就那几个。

但是还是得讲，和小熊讲故事那真是一种乐趣。一开始讲的故事那叫瞎编，就是晚上睡觉前把白天发生的事情串一遍，每天把前面那些天的讲了之后再加一点当天的新鲜料，句子固定，不过主人公一直是小象。小熊总是听得兴致盎然。他或许在纳闷他做的那些事情怎么小象也在做吧。这样，一个故事就可以讲好几个月，讲着讲着变成了我讲上半句他讲下半句。

慢慢地，开始给他讲那些“经典”的故事，只是所有故事都变成了为他量身定做的了。比如《小马过河》，讲了二三遍后，有一天讲到小松鼠的伙伴被河水淹死之前，他突然大叫：“爸爸爸爸别讲了别讲了！”我明白了他的意思后，把小松鼠的伙伴用河水冲走了。可是他仍然表情有点抗拒。我就用河水把小松鼠冲回了岸边。这下他才松了口气，不再抗议了。通过这次，我发现他对故事里面的这种惊悚情节十分不感冒。“人之初性本善”吧。

昨天给他说《乌鸦喝水》：“有一只乌鸦又渴又累，到处找水喝。这时候，它看到一个瓶子，里面有小半瓶水。它高兴地停在瓶子旁边，张大嘴巴去喝水。可是，瓶子口太小，它的嘴巴伸不进去。这可怎么办呢？”

小熊想了好久，终于想出了一个办法：“把水倒进一次性杯子里面。”

“太好了！这下小乌鸦可以喝到水了，谢谢你。”我出乎意料地高兴，但是还有点贪，“这是第一个办法。第二个办法呢？”

这次没有想那么久了：“把水倒进小杯杯里面。”

我知道小熊的小杯杯是广口的，“真聪明！第三个办法呢？”

“把水倒进大杯杯里面。”这个办法有点类同，但是小熊确实有两个茶杯，一大一小。

“第四个办法呢？”

惊喜出现了，孩子的日常知识技能的迁移起作用了：“用吸管啊！”

……

想了很久，依然有让人惊喜的答案：“那就要小乌鸦嘴巴张小一点。”哈哈，原来我说故事时小乌鸦“张大嘴巴去喝水”，不晓得原版是不是这样的，不过是歪打正着地收获了一个“新办法”。

“第五个办法呢？”

……

还是想了很久：“把水倒进嘴巴里。”

就这样，量身定做的经典故事共同圆满完成了。

勇敢与害怕

（4岁）早晨7点半，算醒得早的了。

小熊也醒来了。一醒来，他就在枕头下找到了他的公交车，还找到了他最近的最爱——《长沙市公交指南》。一本厚厚的小册子，上面也没有图片也没有彩页，只有地图和每一路公交车的路线图，每一页一路公交车。那么枯燥，单调，可是他喜欢。他可以一页一页地看，不说话，很认真。昨天晚上要睡觉了，妈妈催他关灯。他说："妈妈，等我看完132好不？"原来他就是从起点看到终点看站名，看车子的路线在哪里拐弯在哪里绕圈,有时候就评论哪路车跑得远哪路车跑得近。真是子非鱼安知鱼之乐啊。

"爸爸，11路的路线错了呢？"他又在看《指南》了。

我凑过去："哪里错了啊？"

"你看撒，终点站不是湘江世纪城啊。"原来我和他在路上看到的11路车的终点站是湘江世纪城，可是《指南》上标注的是湘江路首末站。

"那你打个电话去告诉他们吧！"

小熊二话没说，操起手机就拨号。地图上有11路车的电话。手机声音比较大，我都听到全部对话了。

"喂，你们的地图上错了呢。"

“怎么呢？”对方显然有点惊愕。

“终点站不是湘江世纪城吗？”

“哦，可是……呃……没有问题吧。”

“地图错了那怎么走呢？”

“没有问题呢，司机都知道路线的呢！”对方算是回过神来了。

“你几岁了啊？”

“3岁11个月。”

真要感谢这个耐心而且有爱心的接线员啊。

傍晚，我带他在桂花路上遛弯。

他骑着滑板车，车斗里带了一杯酸奶和吸管。

不知道什么时候，吸管丢了。

怎么办？

“小熊，你到前面那个馒头店去要一根吸管吧。”我给他出了个主意，看到他有点犹豫，我马上给他加油：“他会给你的，没事，你去啰！”

他还是有点想推托，想要我去的样子。我马上说：“你去吧，我要在这里给你守车子哪。”听了这话，小熊没有犹豫了，因为没有别的好办法了。他走到了馒头店的前面，老板正好在里间。他大声喊：“老板，老板。”老板出来了，看到是一个小孩子，一脸的笑和惊讶。“老板，我要一根吸管。”老板抬头看到站在不远处的我，我扬起手中的酸奶。

又有一个顾客来了，老板赶忙拿了一根吸管给小熊，一脸的和气，转身去招呼另外一个顾客。

对于破坏规则的行为，小熊也很看不过去。

有一次去幼儿园接他，还早，他就在幼儿园院子里玩车。这时候，一个叫“牛牛”的大个子看到王文博的车，冲过去就抢，想把王文博从车子上挤下来。

小熊自己的车都不玩了，跑过去扭住牛牛往旁边扯，还一边气愤地说：“这本来就是王文博的车，这本来就是王文博的车。”他比牛牛个子小了好多，可是牛牛被他的样子吓住了，一声不吭地一边去了。

小熊也气呼呼地继续玩自己的车。

这些是小熊勇敢的行为。

其实，从小到大，他害怕的事情可不少。小孩子的害怕，那是真的害怕，那种无助，那种不安，能够让大人也受感染。大概在还不到一岁的时候，不知道为什么，他听到拉透明纱窗的“嘶嘶”的声音，就吓得直打哆嗦。我一直弄不清楚，到底是一个什么偶然情况，使他对这个声音心生恐惧，看他那个样子，我都觉得那“嘶嘶”的声音太恐怖了，有点像毒蛇吐信的声音。可是这只是我的感觉，他可连蛇都没有看见过。等他平静了，我想了一个办法，抱着他来到窗帘前，和他一起看纱窗。看了很久，我轻轻拉动纱窗。开始他有点吃惊，我拉得很慢，他渐渐地就习惯了这个声音，不怕了。

对于动物，小熊一直都害怕。看见大狼狗了老远就绕道走，在小区院子里看到尺来长的小狗狗跑到面前，他都吓得尖叫。电梯里有狗，他是绝对不进去的。狗啊猫什么的就别说了，有次洗澡，一只蚊子从眼前飞过，他都吓得直往后躲。

我看到他最恐惧的一次是坐电梯。那次不知道为什么，电梯突然在2楼停了，电梯门却打不开，抽风一样往两边扯了好长一段时间。小熊本来站在电梯里，看到这个情况被吓坏了，抓着我的手直往我身上蹿，扑到我怀里一个劲地拱。一般不哭的他，一下子哭花了脸。在他看来，这是个他根本无法应对的十分危险的情况吧。

评价小孩子时，有人喜欢说谁谁天生胆子小说谁谁“天生出不得世”，其实不是这样。从小熊的经历来看，他表达比较准确顺畅，对与人交流很自信，所以对于要与人打交道的事情，他首先就没有畏惧感。其次，当他对一个事情有强烈的兴趣或者需求或者自信时，他的注意力根本就不在害怕上，也就根本不存在害怕一说。与11路车工作人员打电话，因为他对公交车太喜欢了；要吸管，因为他特别想喝酸奶；为王文博仗义执言是因为他笃信游戏规则。至于所谓的害怕，纯粹是对于不可知的或者不可控制的情况的畏惧。纱窗的声音，纯粹属于“不知道”的恐怖；怕动物呢，那是因为无法交流无法把握；电梯异常则是属于不可控的层面了，连大人都会害怕的。

所以，不要相信孩子天性胆小什么的，要解决孩子的“胆小”问题，就是让孩子多接触多了解外面的世界。

对于熟悉的事物，孩子是不会怕的。

其实大人也一样。

犯 错

（5岁）下班回家刚开门，小熊听到门响，从墙脚矮柜后探头看着我。

竟然没有叫我，眼神里还有一丝躲闪。

“看啰看啰，看你爸爸是表扬你还是怎么啰……”奶奶的声音传了过来，气恼无奈还带有告状的性质。

“怎么了？”我一边换鞋一边问，走过去一看，矮柜上“水漫金山”，水是从饮水机里放出来的，几个玩具小车停在水中。

“喊也喊不住，拖也拖不走，只怕柜子里都进水了！”奶奶开始控诉，语气就是要我惩戒一下小熊，“柜子是木的，这下不坏了啊？”

我把包放进卧室后走出来：“小熊，你在做什么呢？”

“我在洗车啊，我开了个洗车场哩！”小熊看着我，说话中有点怕我批评，也有点小得意。这确是他的创意玩法。他也不知道这样做有什么危害。

“洗车啊？那好啊，生意怎么样？赚了多少钱呢？”

“生意，还可以啊。”小熊意识到警报解除，声音也提高了很多，“赚了300 块钱！”

一场“风波”就这样过去了，只有奶奶从有点气恼心痛不赞成到后来看得乐呵呵的。

在接下来的时间我告诉他，洗车场不能用饮水机，浪费，不能在柜子上开，容易浸坏柜子，下次最好在洗手间开，或者在洗手盆。

然后，他遵照指示用抹布把柜子揩干，做得很认真。

前天和一个朋友吃饭，喝酒聊天。他是两个孩子的爸爸，创业成功人士。

他说他只打过一次孩子。抽屉里莫名少了 100 块钱，后来知道是孩子拿了，买零食吃了，好多小朋友都吃到了。

“偷钱？那还得了？”恼怒的爸爸一脚把孩子踢开好远，孩子的手弯着都伸不直。爷爷发脾气了：“有你这样打孩子的吗？”

“后来问她为什么要拿钱，她说她的伙伴多次买东西请她，她没有请过一次，就拿钱去请客……”他声音里有点愧疚，“小孩子也是要面子的。在那以前我们没有给过她零花钱……我还真怕把她的手踢断骨头了呢，幸亏没事。”

去北京的火车，晚上。

列车广播提示熄灯，睡觉。小熊就是不肯睡觉。一车厢的人都睡了，他就是不睡，坐在那里不肯到床上，还大声地说“不睡不睡”。

“告诉爸爸，为什么不睡觉啊？”我抱着小熊，用很轻松的语调和他说。

小熊声音小小的，犹豫了几次，还是说出来了：“有点怕。”

答案出乎我的意料，“哦，怕什么呢？坐火车很好玩啊！上次坐火车到上海，你好开心的啊，上次不怕吧？”

“上次也怕！”小熊声音还是轻轻的，再次出乎意料。原来上次就埋下了原因，到底是什么原因呢？

在我“不太在乎”的追问下，他说“睡觉的时候会从火车里飞出去”！

这下轮到我有点怕了：“真的吗？上次到上海有没有飞出去啊？”本来想告诉他“不会的，火车很安全的”。难道是他看到新闻里的火车事故而担心安全？应该不可能啊？还是顺着他的思路捋吧。

“上次也飞出去了。”小熊声音怯怯的。

“后来呢？”我强作镇定，心里有点谱了，“是不是又飞回来了？”

“是的。就是睡觉的时候，感觉自己没有在火车上。”

原来是这样，小家伙在做梦了。跟他解释了一下做梦的情况：每个人都会做梦，梦只是睡觉的时候才出现的，很好玩，很有意思，我很喜欢做梦……他才带着将信将疑的神情慢慢睡着了。

沟通第一，不要随便对孩子说“不”“不行”“不对”“错了”“不可能”，那样会单向关闭你和孩子之间沟通的大门。

孩子总是有理由的，从某个角度来说，孩子永远是对的，永远不会犯错，因为他总是从自己的认知水平来判断、处理所面临的情况。从他的角度，他没有错，也绝对不会故意去做错。孩子“犯错”，实质是大人认为“不合我意”，大人只会站在大人的角度来做出判断。

无论孩子有什么“荒唐不合情理”的言行，在你觉得孩子“犯错”之前，首先要倾听。相信孩子，而不要怀疑孩子甚至先假定孩子错了，如果大人能够假定孩子是对的，再给孩子陈述理由的机会，你将得到很多意想不到的惊喜；二是解释，一旦孩子真有不妥的言行，通过解释不断增加孩子的知识，提高他认知和思辨的能力。

想一想，其实谁都一样，生活中工作中，一看到“不合我意”的情况，特别是领导看到下属“犯错”，正如同大人看到孩子“犯错”，往往就是“确定”对方错误，然后不断寻找不断强化别人错误而自己正确的证据。

其实，生活中，有多少真正的对和错呢？在倾听之前，不轻易否定别人，这样，一定能够得到许多思想碰撞出的绚丽火花。

在孩子面前或许还容易做到，在同事、朋友面前，就难了。

我告诉孩子，他的一票就可以决定他到底是去还是不去。

孩子显然是深思熟虑了，说："我的理由，其实你们都知道，就是，我好久没有坐过火车了！"

重大事情开会表决

（5岁）正是全国热闹的“两会”期间，以小熊为核心，我们家也第一次开了一个像样的小会。

在会上，小熊的意见力压群芳，完全左右了会议的方向。

奶奶的姐姐80大寿，住在常德，奶奶早就计划好亲往祝寿。

为了避免奶奶晕车，决定坐火车过去，由我护送。

小熊也早就知道这个计划。

昨天早上，我问他是不是和我们一起去常德。他的第一反应是：“妈妈去不去？”

“妈妈不去，因为要上课。”

“那我也不去，我在家陪妈妈吧。”他说了一个理由。

“爸爸想带你去呢，如果你想去，我跟你去幼儿园请假啊！”

“可是妈妈一个人在家。”小熊的想法很明显，他最喜欢和妈妈一起了。

“我准备坐火车去。”

“是坐绿皮火车吗？”绿皮火车与红皮、蓝皮火车有什么不同，什么时间成了他的最爱，我可一概不知。

“是啊。”

“那……我……还是去吧！”小熊做了决定。

晚上情况发生了变化。给小熊洗澡时，他告诉我说妈妈不同意他去常德。

我知道，他妈妈是不想一个人呆在家，舍不得小熊。

“爸爸，你说我到底去不去呢？”小熊向我求助，希望我给他拿主意。

“你自己决定吧，你想去，我就去和妈妈说。”

结果我和他妈妈一说，妈妈还是反对，说辞很多，感冒没有完全好啦吃不好睡不好啦等等。

我和小熊先到了床上。我问小熊到底是不是真的想去，如果是，我们三个人就来开个会，每个人说出自己的理由，然后举手表决，少数服从多数。小熊同意了。

开始开会。

我首先发言：“我觉得，可以带小熊去。坐火车，他不会晕车，三个小时就到了。然后睡宾馆，会睡得很好。明天上午到姨奶奶家，吃完中饭就坐火车回家，吃饭，睡觉都不会受到很大的影响，要吃的感冒药也可以带上。到外面走一走，比在幼儿园要好。读书不如行路！”

接下来是妈妈的看法：“我不赞成小熊出去。一、刚交的跆拳道学费，明天有课，会耽误了。二、我一个人在家，我不想一个人睡，我想要小熊在家陪我。三、下次樱花开了，我们三个人可以一起出去。”

一票赞成，一票反对，平手。

轮到小熊发言了。

我告诉他，他的一票就可以决定他到底是去还是不去。

小熊显然是深思熟虑了，说："我的理由，其实你们都知道，就是，我好久没有坐过火车了！"

小熊说得很清晰，也很准确，表达很有力。我都没有想到他会用"我的理由，其实你们都知道"的语句，还照顾到对手兼听众的心理，有一个很强的让别人认同的气势，很具有感染力。

可是，他一说完，马上就把头埋到他妈妈的肩窝里。默默流泪，小男孩的感情也忒丰富。

我根本没有预料到他会这样。

还是他妈妈理解他的小心思："没事，小熊，你自己真的想去，妈妈就同意你去。跆拳道的课，少一节也没有什么问题，下次老师会教你的。"

这是小熊长这么大第一次最重大的决策，而且爸爸妈妈的意见刚好相反。

他听我们各自的陈述时，心里一定是很紧张的：爸爸妈妈的理由都很充分，没有对错是非之分。而他的决定，必然与爸妈中间的一个相对立，这对他来说，是不是有点"残忍"？要跟爸爸或者妈妈明显地"作对"啊！还有，平时他都喜欢和妈妈一起，一般不选择爸爸，可是这次却选择了爸爸，还是那么长时间的旅程，他心里还是很不舍吧！是不是这些原因，虽然做了决定，还是让他有点承受不住。

这对一个还没有满5岁的孩子来说，是很难的吧？

然而，这样的培训是必须的。自己的事情自己做，自己的事情自己考虑，自己的事情自己决定，是成长的必修课。

希望孩子快点长大，早日独立，走向社会建功立业；希望孩子慢点长大，童年延长，多多陪在自己身边。这，是不是每个父母心中都有的悖论呢？

子非鱼安知鱼之乐？子非孩子安知孩子之乐？

大人以自己的思维和价值判断，去代替孩子玩耍，

对孩子而言，还有什么乐趣可言？

爱与快乐不可替代

（6岁）很喜欢一句话——爱与咳嗽不可忍耐，所以套用一下做了这个标题——爱与快乐不可替代。

有一次，带小熊到中医附一医院找中医调理，因为老觉得他偏瘦，又有点盗汗。交了处方在药房外等，小熊在走廊里跑来跑去。一个和他年龄相仿的小弟弟不知何时跟着他跑起来，两个人情绪高涨，咋咋呼呼的，一下从走廊这头跑到那头，隔着楼梯扶手朝下面看看，又从那头跑到这头，隔着楼梯扶手朝下面看看，咯咯大笑和呵呵大笑就在这来来去去的奔跑中爆发。

他们为什么笑？为什么那么开心？我不知道，也看不出来这样简单的跑来跑去有什么好玩。我好像听到小熊说“我们来玩个游戏好不”，他们就跑到一起了。开心的理由一点都不重要，他们的笑声那么开放，那么纯净，那么富有感染力。爽朗的没有拘束的最本真的快乐，就从他们的笑声里绽放到空气中，让我也根本忘记了不快为何物。

“××，你疯了吧？你发宝气哦？跟哒别人跑么子跑喽？”突然，一声断喝从旁边响起。

转头一瞬间，我就明白了那是另外那个孩子的妈妈在暴喝。

一口利索的长沙话，威权、武断、自以为是，充满了无比的恼怒和自我正确性，不容置疑。

竟然用了一个“疯”字，她的用词再配上她的语气，仿佛孩子的奔跑是一个天大的错误，而且还“怒其不争”跟别人跑。

这个妈妈为什么这么生气？是因为孩子在做一件毫无意义的事情？是因为孩子是跟着别人跑而不是别人跟着他跑，认为孩子没有影响力没有主见？还是因为害怕孩子跌倒？还是和我一样因为孩子生病所以很烦躁？她希望孩子怎么样呢？也和她一样安安静静坐在座位上等着拿药？这些都只是我的猜测，到底什么原因不得而知。

然而，我最不愿意看到的结果出现了：两个陌生小男孩的快乐一起被粗暴地打断，戛然而止！仿佛一辆快乐大巴疾驰中发现路障，发出刺耳的长长的刹车声，然后停下，只留下轮胎与地面强力摩擦的痕迹。那个孩子悻悻然惴惴然地回到了妈妈身边，很惊惶之后的安静，什么话也没有说。

小熊也停止了奔跑。

正好我们要抓的药出来了，赶紧打道回府。

类似的情景，还见过不少。

有一次在桂花公园，一个爷爷带着小孙子在玩蹦蹦床。孩子太小，还没有熟悉起蹦的动作，小心翼翼地探着走，还是有点怕，就爬，坐着用小屁股蹦。蹦蹦床的弹力，依然让孩子乐不可支。可是爷爷不高兴了，看小孙子半天蹦不起来，从护栏外伸手进去把小孙子提起来往蹦蹦床中心扔，小孙子害怕了，躲着倔着往边上挣。“玩啊！你去玩啊！叫你回去你要玩，叫你玩你又不好好玩，叫你这样你就那样……”爷爷就这样发飙了。小熊在旁边看得莫名其妙，我也只想阻止那个爷爷。

在小区院子里有一个妈妈，看到小熊骑单车技术娴熟，艳羡不已，也给自己的孩子买了单车，带到院子里学。孩子看到新单车，很兴奋，又是摇铃铛又是推着走。可是妈妈不干了，买了单车就要骑。于是把孩子抱上单车，把孩子的脚放在踏板上，然后说："就这样，用力，对，用力！把腿伸直，到底了，别用力了，另外一只腿伸直……"孩子低头看着自己的脚，单车就是不动。过了大半年后，在院子里碰到他们，孩子还是不会骑单车。小熊的单车是姨爸爸给他的两岁生日礼物，给他玩，随便他怎么玩，不到一个礼拜，他就可以自由骑行了。

有时候不小心，我们也剥夺过小熊的小小快乐。小时候，有次在地下车库，停车后，有点赶时间，我就抱着他走到了电梯门口。小熊一直扭动着挣着说"要下去"。下去后，小熊"咚咚咚"走回到车门前，然后返回重新走到电梯口。我看得目瞪口呆，才记起他说过下了车要"自己走"。有次扔果皮，小熊说了他去扔，奶奶做卫生时顺手把果皮扔到垃圾桶里，小熊硬是从垃圾桶里把他"预定"的果皮找回来放到桌子上，重新自己抓起扔进垃圾桶。最近幼儿园老师说要帮忙做家务，小熊在家心血来潮的时候就帮忙端饭。蓉姐开饭前把饭端上桌，小熊气鼓鼓地把饭一碗碗地端回厨房，再一碗碗地端出来。前几天看电视《一家之鼠》，时间有点晚，妈妈催促小熊睡觉，几次了，小熊还是看着电视。妈妈不管三七二十一关了电视机就去了阳台。等了一阵，我看小熊还坐在沙发上，一脸的难受，眼睛里还似乎有点泪花。我忙过去安抚："怎么了？小熊。"他似乎满怀伤感地说："那么大一个人坐下去，那只老鼠肯定被压死了。"原来是这样，他在担心电视里的事，替"古鼠"担忧。我赶紧打开电视，让他继续看《一家之鼠》。看到那只老鼠还在电视机里蹿，他才放心地离开沙发去洗漱。小男孩心地，柔软着啦。

写到这里，有点跑了，标题中的"快乐"二字，要改成"感受"更加贴切。快乐是感受中的一种，以偏概全吧。

小孩子玩，到底是为了什么？为了学会一个技术？为了掌握一个玩具？为了赢得一场游戏？为了成为游戏的领导者协调者组织者？都不是。小孩子的玩，其目的就是一个：快乐。在快乐玩耍中，学会技能、强健身体、学会沟通协调，学会妥协、学会模仿。而所有这些中，快乐，是第一位的，是神圣的，是不可打扰的。没有快乐，罔谈一切。有了快乐，其他的所获，就是增值了。

爱，父母长辈夫妻兄弟姐妹亲戚朋友之爱，固然不可替代。快乐，作为一种感受，一种体验，同样也不可替代。在我们看来毫无意义的十分简单的纯属无聊的事情，很多时候在孩子眼中，就是无可比拟的快乐，比如奔跑，比如找到一根弯曲的树枝，比如开门关门，比如把水从一个瓶子倒进另外一个瓶子……子非鱼安知鱼之乐？子非孩子安知孩子之乐？大人以自己的思维和价值判断，去代替孩子玩耍，对孩子而言，还有什么乐趣可言？在孩子看来，一些不问青红皂白的试图代替的“理智之举”，实在与白痴强盗的野蛮行径无异。

对大人而言，快乐是一种能力，很多人不具备或者比较欠缺。对一个有担当的人来说，快乐，也是一种责任。保持自己的快乐状态，你周围的人，家人朋友同学同事，也都会觉得生活中多一份乐趣。

呵护孩子的快乐，呵护孩子的童真，呵护孩子的童年，是为人父母者的应尽之责。

爱与咳嗽不可忍耐。

爱与快乐不可替代。

尴尬家长义工

（7岁）小熊二年级了，上小学以来他们班上经常有招募家长义工的活动，有时候是出黑板报，有时候是帮助大扫除，有时候是外出踏青秋游。从班级QQ群里可以看到，每次招募家长义工，都有一呼百应的形势。很遗憾，作为上班一族真难得腾出时间，我还没有参加过一次，看到别的家长又是家委会，又是义工的，我从内心觉得对班级有些亏欠，做了很多次自我检讨："忙不是理由！难道别人的家长不要上班？"

不认识家长

早就听说今天有个到动物园的秋游，我大体规划了一下时间，要小熊帮我报名当家长义工，一是感受一下班集体氛围，一是弥补一下亏欠心理。先天晚上，又在群里确定一下，我的职责是"拍照+写家长感言"。

按照通知，我掐着时间在7时56分踏进教室门。教室里情绪火热，班主任隆老师正在讲解注意事项。第一次看见隆老师，远远地挥手打了个招呼。隆老师比预想中的更加年轻漂亮，短发，戴着小型的耳麦和扩音器，浑身散发着标准的宽严有度的班主任气质。有几个家长义工已经到了，可是不认识，只好笑了笑。有两个家长准确地叫我"小熊爸爸"。可能还是去年开家长会到班上发言说的一句口误让大家印象深刻吧，那天我一上台就自我介绍“大家好！我是小熊爸爸的同学……”生生把“小熊同学的爸爸”介绍成了一个陌生人，全场大笑。

不认识学生

环顾教室，没有看到小熊。小熊从教室外面绕进来，冷不丁从后面擂了我一拳，还有一个小朋友也过来擂了我一下。我亲切地摸摸他的头，问他叫什么名字。小熊大声地略有不满地说：“告诉过你的啦，是柯毅。”“哦，是的是的，柯毅你好！”原来以为到过我家的几个能认出来，可一下子面对这么多小屁股，我似乎瞬间患上“密集恐惧症”，一个名字都记不得。

整队集合了，畅畅妈和我一起带3小组，总共13个人，小熊是组长。她拿出名单：“除了谁谁和谁谁我不认识，其他都认识了。我要去认他们！”我暗暗佩服了她一下，赶紧拿过名单来拍一个在手机上。孩子们叽叽喳喳，声音混合在一起，分不清说的什么。我顺手拍了几个照片发到QQ群里。准备出发，小熊清点人数后队伍开始移动。畅畅妈说她走在队伍前面，我负责殿后。可是小朋友们太兴奋了，我也没看清我们组最后一位小朋友是谁，只好跟着出发。手机有震动，我一看是群里家长回应了：“看到我崽崽了。谢谢老师和家长义工。又要看孩子还给我们发照片，辛苦了！”“感谢家长义工精彩的现场直播！”我跟着队伍走，心里有点打鼓：“孩子们都跟上来了吗？我还不认识他们呢。”走到操场里，里里外外估计有近10台大巴，有的在缓缓蠕动。我把孩子队伍规整了一下，尽量离大巴远一点，就等待上车了。

这期间听到一个家长好像说“欧副校长有点责怪我们家长来多了”。具体什么情况，没有听清楚。

在校园“丢”了个娃

上车了，从第一个开始点数，“1、2、3……11、12。”怎么回事？不是说好的13个吗？因为还在校园里，我不是很紧张。可是怎么去找呢？他叫什么名字？他长什么样？畅畅妈果断判定：是×××，可能先上车了，到车上去找。我懵懵懂懂跟着她上车，一会儿，她就说：“是×××，在车上，没事了！”欧副校长也到了车上，说：“原则上，大巴上只能跟一个家长。”我一边说“好好”一边赶紧往车下走。下车顺手拍下了大巴的车牌号。

到了动物园刚下车，大巴就到了。

孩子们下车，整队，点名，移动。

好多人，除了我们学校的，还有好多其他学校的，大大小小的孩子，占领了整个广场。

队伍移动到一个花坛边，隆老师把孩子分成两拨，拨是准备上厕所的，一拨是暂时不要上厕所的。

孩子们的队伍按照他们自己的规则变化着。

我除了看到小熊和畅畅，其他的没有办法对上号，继续拿出手机拍照，即拍即发，到群里博眼球。我甚至感觉我作为义工的存在在群里更加真实，因为群里有家长不断地在照片上找自己的孩子，对发照片的我和我们表达火一般的感谢，竖拇指送花的一大片一大片。我在现场比较游离，所以发的照片比较多，还能得点名表扬……

被忽略 被抛弃

“熊一欧爸爸，过来一下！”游离的我突然听到欧副校长的召唤，我们班

孩子的玩，其目的就是一个：快乐。在快乐玩耍中，学会技能、强健身体、学会沟通协调、学会妥协、学会模仿。而所有这些中，快乐，是第一位的，是神圣的，是不可打扰的。没有快乐，罔谈一切。有了快乐，其他的所获，就是增值了。

其他几个家长正团在她的周边。我赶紧过去。

“孩子已经二年级了。我们的秋游也是对孩子们的一个教育和锻炼。原则上，每个班只需要一个家长配合老师就行了。你们已经来了，也不好意思让你们回去，但是你们不要过多地干预孩子的活动，放手让他们去玩。”欧副校长大大的太阳镜也遮不住严肃的表情,语气冰寒,但说的内容正合我心，“你们也不愿意看到孩子到了五年级六年级还要你们跟着来秋游吧？”

我赶紧带头表态：“好的好的，我们就拍拍照片。”

孩子们的队伍往前运动，最先看到的是豹子馆。颀长身材的猎豹和斑斓花衣的金钱豹引爆了孩子们的欢呼，声浪如涛不曾稍歇。

队伍往前，我们几个家长义工就“悻悻地”走在大路上，先还远远地看着，拍照发照。

孩子们沉浸在集体的欢娱里，根本就没有注意到我们的存在，更遑论远近。

家长义工组除了跟班的伍爸，其他略显多余，远远跟着看了老虎馆、犀牛馆，然后孩子们就进了大象馆。我们干脆另外选了一条途径，看火烈鸟，看猴岛，看开得艳丽的不知名的花，自拍互拍摆造型，偶尔看一眼孩子们玩的方向。在大象馆门口，跟孩子们打了个照面，孩子们就进了盘龙馆。我们坐在门口等，等啊等，好久没见到孩子们出来，原来他们从另外一个出口跑到好远去了。

家长义工被抛弃了。

欲知后事如何，且看下回分解。

家长义工终须淡出

（7岁）几位家长义工百无聊赖，有的提议回去，拉拉杂杂到处闲逛。

也不好意思打隆老师电话，动物园那么大，孩子那么多。我们应付地找了一下，没有找到，干脆坐到大门口的凉亭休息。

家长义工无功而返

再次见到孩子们，他们已经从车行游览路线下来，坐在地上吃简餐了。

好不容易逮到拍照的机会，全景，特写，远近，一顿狂拍，批量发到QQ群，估计每个家长都找到自己的孩子了。群里的赞誉再一次暴涨，鲜花掌声言语，真情殷殷。我找不到别的方式来展示义工的一片热心肠，只有更多地拍照片，发给不在现场的家长们。

很快，孩子们在隆老师的指令下，打扫就餐战场，清理背包，整队，集体合影，上车，出发，到校，各回各家!

我的第一次家长义工的工作，根本没有来得及表现，就草草收场。

虽然没有实际帮上什么忙，其实内心是蛮有感触的。先按下不表，再说一件别的事情。

反正别人是靠不住的

国庆假期一个早晨，我和小熊骑单车到喜盈门，顺便在“台北豆浆”吃早餐。

单车停在店外花坛边。花坛边大大的遮阳伞下，有一个家庭也在吃早餐，有两个小孩在旁边嬉闹。小熊锁单车几次都没锁好。我跟小熊说“要不请那两个小朋友帮忙照看一下单车，难得锁就别锁了”。小熊一边上锁一边说：“还是算了吧！好了，已经锁好了。”

点了单，我们到二楼窗户边坐下等，正好可以看到停在楼下花坛边的单车。

大概过了10多分钟，小熊指了指窗户外：“老爸，你看！”我望向外边，原来，那两个小孩正在推我们的单车，那架势，如果没有锁，他们会试着骑一下的，说不定还会骑很远不回来。“幸亏没有叫他们帮忙照看。”小熊说，“反正别人都是靠不住的。”

小熊的第二句话，把我震了一下：“怎么呢？”我没有直接和他辩论，问他：“真的吗？老爸老妈也靠不住吗？”

小熊思索了一下，“是的。都一样。人都必须靠自己的。”

“为什么呢？解释一下。”

“就是，很多年以后……还是不解释了，不吉利！”

原来是生死的问题，意思是老爸老妈总会有“那一天”，也是靠不住的。

小熊的思维很早可能在3岁不到就触及过生死的问题，每一次触及，都让我心颤。但是我没有正面和他解释、探讨过这个，太沉重也太残忍。

“那好吧，我知道了。你是对的。每个人都要学会更多的本领，让自己不断变得强大，依靠自己。”我匆匆结束了这个话题，本来想拓展一下团队协作相互配合的思想，比如说他喜欢的足球，单靠自己一个人是绝对不可能取胜的。想想，还是暂时不说算了。再说，练好自己的本领，在团队协作中才能起到更加关键的作用，也是对的。

回到家长义工的话题。

义工心态应当调整

家长义工。我今天才体验到的这个词，仔细琢磨还真有点意思。在我所接触到的家长中，很大层面都有“义工心态”，对于孩子，想的就是无条件的更多的甚至全力的付出，只有给予，从不求回报。舐犊情深是传统文化传统美德，但是现在的生活中，家长义工们，对孩子事事不放心，事事想代管代劳，感叹社会的阴暗城市的陷阱，害怕孩子受到委屈害怕孩子遭遇不公平担心孩子面临危险。于是，家长义工挺身而出，小时候撑伞背书包牵手过马路秋游陪游，恨不得一切包办；到孩子大一些，上学就业房子车子有条件的还早早预备出国费用；到孩子成家了，还要包办家务帮孩子带孩子……

“到五年级六年级，孩子秋游还必须家长陪同吗？”欧副校长简单的一句话，折射出一个教育工作者多年职业历练形成的责任意识。她的思维的角度，到底不同于一般的家长。

龙归大海，鸟飞长天。孩子终归要踏入社会，终归要独自面对属于自己的一切，爸爸妈妈也总有靠不住的一天。

大半天的家长义工当下来，我看到老师的组织是细致有效的，学校的监管是严密到位的，孩子们确实不再是一年级的小屁孩，他们有的忘记带水，有的忘记带面包，有的忘记带钱，但他们学会了分水喝，分面包吃，还有借钱买水的。这个小集体，有一种蓬勃向上拔节生长的力量，他们已经学会了很多，成长了很多，他们的组织观念、集体协调、个人自律等方面都有了很大提高。

第一次到班级当家长义工，我的主要工作就是摄影，其他的都没有能帮上忙，远远地看着隆老师有条不紊地安排推进，孩子们自由自在欢笑欢呼，感觉就两个词：欣慰、舒心。

孩子正在长大，不如早点送他们走出去，更早更多地依靠他们自己吧！反正别人都是靠不住的。孩子终须离开父母，离开家庭，走向自己的天地。

家长义工，终须淡出。

我是怎么生出来的

认真应对孩子的所有提问，也是我们必须坚守的准则。

（8岁）我发现晚餐时间是提问的高峰期，好多好多问题都是晚餐时提出来的。因为，早餐和中餐都是在学校解决的。

又是晚餐时。

“老爸，顺产是什么意思啊？”

“哦？就是……婴儿正常地顺利地出生。”

“正常出生啊。那婴儿到底是从哪里生出来的呢？”

假装没听见不是我的风格，可是我多么希望没有听见啊！

小熊妈妈又接了个高三，上晚自习去了。

奶奶是真的没有听见，她老人家在细嚼慢咽。

没有人可以帮助我，小熊同学丝毫没有感觉到我的窘迫。我表面也是波澜不惊！

记得我曾经得到的答案是：散工回来路上捡的；树杈里结的拿竹篙戳下来的；喜鹊窝里掉下来的；门前河里漂下来一个脚盆……；一个大雪天的早晨家门前那片竹林里“哇哇”的哭声……

“你问奶奶看？”我勇敢地把球传出去。

“什么啊？什么啊？”奶奶根本没注意到我们在说什么，略略惊慌地问。

我可以想象出老人的狼狈，内心戏谑至极，但还是继续传球：“小熊问小孩子是从哪里生出来的。”

果然，老人家慌乱、凌乱、杂乱得前言不怎么搭后语：“呵呵，呵呵，呵呵，是……袷（xiá）呐窝里。老人都这么讲的。”老人家口里的“老人”可能是她的奶奶们吧。

“什么啊？”小熊没有听清楚宁乡话“袷呐窝里”。

奶奶重复了一句，并且用筷子头戳了戳小熊的胳肢窝。

小熊抬起手臂看了看胳肢窝，还用手摸了一把，“噗”的一声差点把饭都喷出来了：“哈哈哈，不可能吧？怎么可能！”

“吃完饭，我们一起查一查吧，老爸还不是很清楚怎么回答这个问题。”没有办法，我只能用上缓兵之计。

……

“小熊，我告诉你啰，女人的身体里面有个子宫，婴儿在子宫里面长大，宫殿……”

“这个我知道——”小家伙越来越难忽悠了。

“婴儿长大以后出生。出生方式有两种，正常的是顺产，特别大的婴儿就是剖腹产。”我算是尽快直奔主题。

“这个我知道——”小熊迫切地催我公布答案，“我还看过妈妈肚子上的那道疤。”

“女人的身体有个隐秘部位——产道，婴儿长大了足月了就从产道爬出来。那个部位很隐秘，一般人都不准看，只有医生才能检查的……”

“哦——”随着我的比画，小熊一副洞悉秘密的表情，然后雷语就雷雷地出现了：“那不，医生都是流氓哥啊？”

“不是啊……医生都是为了治病不，那是他们的职业啊！”我开始转移话题，“再说，医生也是分科的。妇产科的医生才可以看，其他科的医生不准看。比如说，有人踢球的时候膝盖擦破皮，未必会跑到眼科叫‘医生，快给我看看膝盖’啊？牙科的医生也不会去看产科的病人不，‘医生，我要生孩子了，请检查我的牙齿’……”

“是的是的，呵呵呵，笑死宝宝了！”

一堂科普小课就这么愉快地结束了。

我舒了好几口长气。

难以回答的问题总是毫无征兆地出现。比如最近经常说起有政策生二孩的事，他问“孩子不是想有就有的吧？”潜台词是“难道一想，就有吗？”印象中问了两次了，我都假装没听懂不答言绕过去了。下次，一定认真回答！

正面应对孩子的所有提问，实在不知道的尽量一起寻求答案，尽管有时候有点难堪，但也是我们必须坚守的准则。

卷六·爱学习

—欧语录 >>>

◎ 爸爸，“激动人”是什么人啊？——电视里“激动人心的时刻”被拆解。（3岁）

◎ 妈妈，每个国家都有一个太阳吧？（4岁）

◎ 妈，大西洋好大，这边有，那边也有（中国版世界地图，大西洋分布两边）。（4岁）

◎ 电遇到火会产生什么反应呢？（6岁）

◎ 老爸，我看了《八路军战史》和《刘伯承》，发现一个共同点，某某某只会做一件事情：就是每次打了胜仗以后，颁发嘉奖令！（7岁）

◎ 老爸，你有没有学过空气动力学？这样子扔过来，会碰到的。——小熊做了个“小男孩的小手术”，我扔睡衣给他的时候，差点碰到创口，他大声表示抗议。（9岁）

◎ 玉煤公路的声音白天很小，晚上很大，老爸你知道为什么吗？因为玉煤公路在老家的下方，声波白天向下传播，晚上向上传播。（9岁）

◎ ——小熊，不要同时看几本书。

——老爸，英国一个作家说，一个人一天可以看不同的书，因为一天不同时间有不同的心情，而且看一本书还可以联想到另外一本书。

——哦！这样的啊？那我还才知道，那就按照你的吧。不过，要读完整的书，每本书都要读完，好不好？（9岁）

孩子每天都在发现，都在成长，都在进步，

每天都能够带给我实实在在的喜悦。

孩子改变了我很多，

也让我更多地触摸到生活的底蕴。

教育的承受

（3岁）小熊三岁多了。

看着他的个子越来越高，裤子短了衣服吊了澡盆小了，语言越来越丰富甚至有点狡黠，思维越来越有逻辑……一切都发生着可喜的变化。到哪里，他都很容易成为大众的聚焦点，哪怕是坐个公交车，熟人也好陌生人也好，目光兴趣常被他吸引。心底的为人父的喜悦不自觉洋溢。孩子是自己的好。这句话道出了护犊之情。以前看到别人津津乐道谈论自己的孩子，乐于攀谈中总有点漠然，想必现在有人听到我不自觉地把话题扯到孩子身上也有点烦吧。

可是，他在自己家的那种自由自在的生活，终于要打断。要上幼儿园了，我也不敢把他圈在家里，生怕他缺少同龄人的那种集体生活的体验，怕他过分恋家，怕他不合群，在他满了三岁后，还是把他送到了幼儿园。院子里有好多和他同龄甚至还小的孩子，都早早就进园了。我不怕他泯然众人矣，不特别希望卓尔不凡，只希望他尽可能少压力有着应该有的欢乐。

早几天，正好有机会送他去幼儿园。分手时，他自然有点不舍，眼圈有点红，声音有点咽。老师抱过他，问："小熊，今天眼睛可不可爱？"小熊大声回答，声音明显带着哭腔："可爱。"接连两天都是这样的问答，不过小熊的回答慢慢清晰稳定了。

我琢磨了一下，老师原来是要他不要哭，而哭是因为"眼睛不可爱"，

“眼睛可爱”了，就不会哭了。哭与不哭的原因，原来在于眼睛的“可爱”与否。入园不久，早晨和父母一起到幼儿园后要和父母分开，孩子感情难舍情绪不稳，老师和父母要做的，是习惯、信心和自立能力的培养。而把情绪产生的原因归结为“眼睛可不可爱”……

如果我是幼儿园老师，我会怎么做？办法有很多种。首先，让孩子的父母短暂停留（是短暂），让孩子情绪缓冲一下，相信孩子对父母的离开是有预见而且能理解，在没有选择的情况下也一定能接受的。其次，孩子要哭就让他哭吧，抱一抱抚慰一下就可以了，让孩子的情绪有一个正常表达正常宣泄，有什么不好呢？第三，告诉孩子，刚才谁谁也哭了一下子，但现在和其他小朋友一起在等他吃早餐等他一起玩，今天会有些什么游戏，迅速引导、转移孩子的注意力，暗示他别的孩子都一样，没有谁不同，让孩子融入群体。第四，表扬孩子勇敢，激发他的争强好胜心。或许这样做，并不很现实，因为在那段时间里，老师要接待很多孩子，慢慢接受吧，集体教育的模式自有道理。

昨天下班回家，喂小熊吃饭（很遗憾，他在幼儿园里基本自己吃，在家大多时间还要喂）。他说嘴巴要像老虎那么大不要像蚂蚁那么小。想想才明白了，老师要他大口吃饭。

小熊昨天在幼儿园尿湿裤子了，而且是两次。听他的说法，可能是老师说了吃饭的时候不准尿尿，可是他吃饭的时候憋不住了又不敢说，结果尿裤子了。吃饭以后，玩的时候不要尿（因为没有尿），结果午睡的时候又尿湿了。在家的时候，小熊很少尿湿，他似乎很小的时候就知道怎么样告诉我们他要尿尿了，偶尔特殊情况，我们也从来没有批评过他，只是告诉他尿湿裤子太正常了，大人小时候也一样……我和他玩了很久玩得很开心了，才“漫不经心”地问他尿裤子老师说了什么。他说老师“批评”了他。在他的词汇里面，“批评”是一个很严重的事情了。为了减轻“批评”的严重性，我笑着问他“那老师打了屁股没有”，出乎意料，他说“打了”。我有点傻眼了：“痛不痛？”

他仍然要把自己最好的那一面展示出来："有点痛，但是我没有哭。"我和他妈妈赶紧说了好多话，告诉他那不丑，告诉他下次要尿尿的时候无论是在睡觉还是在吃饭还是在上课都一定要告诉老师。后来他还说："还有××，把'粑粑'拉在裤子里了。"说完他笑了起来，带有一点嘲讽或者幸灾乐祸。我想那个小孩一定要花至少一个礼拜的时间才能忘记这件事吧。我们三人交流了很久，小熊突然问："妈妈，老师把我送到'宝宝乐'班你会不会来接我啊？"宝宝乐班比他现在的班级要"低级"，因为年龄还要小。原来，老师"威胁"了尿裤子的孩子。他妈妈赶紧给了他肯定的承诺："肯定了，当然来接你啊！""妈妈，我被大灰狼吃掉了你会不会来接我呢？"赶紧救火："哇，那就好玩了。我用剪刀把大灰狼的肚子剪开，你就出来了。和捉迷藏一样，你躲好了就告诉我，我就来找到你。"

思绪纷飞：

教育方式的多元，必须接受。一个人、一个家庭、一个老师、一个学校……单纯的一个，不可能完成对孩子的全部教育。家庭教育与集体教育是互补的，各有主次。几年后回想起来，最初的担心，完全是因为"过分自我"，近乎宠爱而至排他，是不对的。

事实逐渐证明孩子碰到了最有爱的老师，最开明的园长，最快乐的幼儿园。我当时的一切想法都是多虑。四年过去了，我们和老师、园长、其他小朋友都保持着紧密联系。

孩子的一言一行，

孩子的真实、纯净，

孩子的成长、思考，

无时无刻不在提醒我们：

生活很美，

当下很美。

家庭作业

（3岁）不经历就不晓得，三岁的娃娃就有家庭作业，而且要父母签字。一开始觉得有点恐怖，内心十分抵触。但是打开看了一下，发现原来就是和父母一起做一些小游戏，只是冠以作业之名罢了。

于是和小熊一起做——一起玩。大部分游戏对他来说很容易，有一个题目出了点状况。大意是有四个选项，选出其中与其他三项不同的选项。比如：A、单车 B、小汽车 C、摩托车 D、大卡车。正确答案是A，估计是单车是人力车，而其他都是动力车。但是要给他解释明白，觉得是件很难很枯燥没有一点开心味道的工作。就想了一个别的办法，给他出类似的题目，让他自己去理解吧。“A、书 B、电视机 C、电脑 D、洗衣机。哪一个与其他的不同呢？”小熊认真地想了想，又想了想，认真地说：“洗衣机。”答案和我设计的有出入啊，但是不忙，先听听他的解释：“为什么呢？”“因为书是用来看的，电视机是可以看的，电脑也是可以看的。”哈哈，原来是这样，很有道理。看来小孩子的思维，确实不同一般，不可小觑。我重新审视了一下书上的题目，发现至少还有一个选项：“D、大卡车。”因为其他三项都是交通工具，主要载人，而大卡车是运输工具，常用来载物。

编辑这类题目，可要小心了，别误人子弟才好。

以后和小熊做这类题目，也要审慎啊，千万听听他的意见。

准备开学

（7岁）时间过得真快，小熊小学生涯的第二个学期就要开学了。

小家伙加入了学校的足球队，寒假时间比较长，于是又让他参加了外校的集训。

因为学校足球队只有他一个人是一年级的，在队里除了学些技术动作，比赛中可没有他的什么好看。

外校寒假集训不同，全部是一年级队员。几天下来，他信心爆棚了。

“老爸，我们队里，我排第三厉害。他们都是德馨园学校校队的呢。”

“真的吗？谁给你们排名的？”

“我们自己，我们自己讨论的结果！广大民众选的。”他嘴里竟然冒出“广大民众”这么个大词。

原来如此。

不过，春节已经开训的4天中，他们共分边比赛三次，他每场均贡献了一粒进球，而且其中两场为他所在队当场唯一进球。成绩不错！

这几天长沙雨雪，湿冷，不想出门。训练照常进行，比赛就在雪花飞舞的球场。平时站在球场边的家长观众，都缩手跺脚地躲到了房檐下角落里。20个小家伙在雪地里飞奔，如一群嗷嗷叫的狼崽！鞋子和裤腿，都明显被雪水打湿了。雪花，寒冷，冰水，于他们都貌似不存在。

昨天训练完回家路上，小熊突然说："老爸，哪天周末我们去球场比试一下不？"

"为什么？"

"我要挑战你！我说不定能够超过你了！"

哈哈，每一个小男孩的心中，都有一个无比强大的自己！就像我们小时候看了《少林寺》，在原地手舞足蹈，却想象着自己飞檐走壁，对一株白菜指戳掌劈，却想象着敌人落花流水。

这是小伙子第一次挑战老爸了。

晚餐后，因为小熊后天就要开学报到，小熊妈妈提醒我检查小熊的寒假作业。

寒假作业的《快乐岛》中，有一些趣味益智题，有的做了，有的没做。典型的是"空屋中点燃12支蜡烛，被风第一次吹熄2支，第二次吹熄了5支，第二天早晨还剩几支"。比划了半天，小熊还是没有明白，咬定是还剩下5支。后来灵机一动，把蜡烛换成冰淇淋，把时令设计成夏天，然后中途拿几只放到冰箱，再问第二天还剩几只冰淇淋，小熊才终于明白了。

触类旁通，小熊马上问妈妈："房间里有5支蜡烛，吹熄2支，第二天还剩几支？"这样的现炒现卖，小熊妈妈一般是很配合小熊的"要求"，表示"不知道"。

接下来，继续检查。有一道题，一个盘子里6个苹果，另一个盘子里8个苹果，问有几种方法让两个盘子里苹果一样多。小熊思索了好大一会，从8个里面拿出一个给6个。

"还有其他方法没？"

"没了。"

"假如我们吃掉8个里面的两个呢？"

“哦，是的！”小熊恍然大悟，“那就每个盘子里都是有6个。”

……接下来，我们还讨论出了往盘子里加苹果的方式。小熊得出结论：只要给6个里面每次多加两个，就可以了，比如“6个的里面加4个，8个的里面加2个”。

小熊平时关注得多的“黑洞”“银河系”“轰炸机”“潜水艇”，还有“五线谱”“G大调”等话题，我都接不上坨，这些让我的光辉形象失色不少。今天，类似的题目做了好几个，我的高大权威似乎有所改善。

晚上，要睡觉了。因为是放假，而且特别冷，允许小熊钻到了我们的被子里。

好久没有和他认真进行思想层面的交流，我挑起了一个话题。

“小熊，新学期开学了，你们班的中队长有可能换人啊。如果让别人来当中队长，你不会觉得难受吧？”小熊上期期末考试之后，回家说题目太容易，“想错一个都难”，可是成绩出来后，都没有拿到满分。我得提前打打预防针。

“中队长每周要去大队室开会，要走好远，只有中队长最辛苦了。他们两个都不要跑那么远开会。”顾左右而言他。我听得出意思来。小熊很珍惜臂上那个两道杠，才戴上那几天外出都舍不得取，有次去看黄永玉的画展《我的文学行当》，有个小朋友看到了羡慕地说“咦，还是中队长哩”，才让我们觉得不妥。后来小熊应妈妈要求，放学回家就取下红领巾和中队牌。

“跑那么远无所谓啰，反正也不累，其他人也要跑。班干部一般都是轮流当的，知道吗？”我还是抓住问题的核心，“如果不当班干部，会不会觉得有一点难受？”

“不会啊。魏涞和黄筠鸣也不当了吧？”据悉，他们班只有三个主要班干部。人很多时候都一样，尽往积极的一面想，潜意识都是回避负面情况的，而且希望大家都一样。

“如果只有你不当班干部了，他们两个还继续当呢？会觉得难受吗？”这样的追问，是不是有点残忍啊？

“会。会有一点。”小熊直面问题了，回答自己的真实想法。

“崽崽，班干部一般都是轮流当。你们班其他同学也很优秀的，你当了一个学期，老师可能会安排其他同学代替你。这个是很正常的，知道吗？”我给他做预先的解释。

“你也是很优秀的，假如不让你当，并不是说你不优秀，知道吗？崽崽。”小熊妈妈也赶紧加入，“其实，你能当上你们班第一任中队长，说明你已经是很优秀了。”

小熊没多说，但我们已经感觉到，他对这个事情有了更全面的认知。

于是，卧谈会结束了。

明天，小熊要去学校报到了。感慨时间过得快的同时，发现自己很久没有“记录美好”了。

生活中工作中，能让人真正激动的开心的东西，渐渐地不多遇见。儿子每天都在发现，都在成长，都在进步，每天都能够带给我实实在在的喜悦。

儿子改变了我很多，也让我更多地触摸到生活的底蕴。

湖南卫视《爸爸去哪儿》的现象级热播，似乎在呼吁全社会回归家庭重视孩子的家庭教育，其实同时也在告诉我们：感谢孩子！孩子的一言一行，孩子的真实、纯净，孩子的成长、思考，无时无刻不在提醒我们，生活很美，当下很美！

写下这些点滴，标题内容联系不紧密就不管了，记录、储存、传递快乐，让快乐保值、增值。

揪心的分数

（7岁）孩子在父母眼里都是“天才”。拙朴的言语天真的妙想，只要是孩子以前没有出现过的情况，有创意的举动，或者稍微成人化一点的思维和语言，往往让父母心头窃喜难耐。孩子越小，这种情形越多。

每一个孩子生来都是幻想家、发明家。在他们很小的时候，大人没有赋予他们目标，也没有确定他们的发展方向，没有“优、良、好、中、差”的评价等级，没有“100分、90分、80分”的测量标准，也就，没有预设的期待。

于是，孩子们所作所为所思所想，都自由自在。

自由自在的状态下，他们的思维、语言不时闪烁着奇幻迷人的色彩，如同树的生长，每一片新叶每一个姿势，都充满传奇诗意，都焕发无尽美感。

钢琴课。

老师说：“手不要塌下去，键面就是水面哦。小手掉在海水里面，会有鳄鱼来咬你的小手手哦。”小熊一边弹奏，一边一本正经地告诉老师：“汪老师，海水里面没有，鳄鱼在淡水里才有。而且鳄鱼一般不在水里，喜欢潜伏在沼泽里。”

老师要求小熊保持手型：“就这样，不要动，绝对静止！对，这样才能练好基本功。”小熊把手型定在那里，嘴巴却没有停歇：“汪老师，世界上没有绝对静止的物体，所有物体都是运动的。”

在这种兴趣课，因为老师给的环境相对宽松，学生的思维也就发散活跃。

去年冬天的一个夜里，我和小熊骑车到圭塘河风光带。

中途小憩，小熊认真地对我说：“老爸，要是没有发明汽车该多好。”

“为什么呢？”他那么喜欢汽车，竟然有此一说，我着实满心疑惑。

“那大家都会和我一样骑单车啊，就没有尾气污染了，也就没有雾霾了。”

“那要运很多货物怎么办呢？”

“用电做动力啊，电车。电是最清洁的能源，是的噻？”最近，小熊喜欢说“是的噻？”语气中有求证，也有一点自得。

这样的想象和表达，透露出一种成长的力量。在漫无目的的阅读中，他知道了很多我们不知道的知识和概念。

可是，这样无拘无束的思维，还能持续生长多久呢？无可回避的全日制模式化教学，模具化教学，早已在现实中按部就班地启幕、上演。

是一年级下学期了，起床、作业什么的，半年多时间，小熊成了一个标准小学生，从思维到行为。

他告诉过我好几次，说想换同桌，因为同桌上课老喜欢讲话还看课外书。我能说什么？一些简单的似是而非的观念和标准，被成功地植入他脑海，左右他的言行。

上学期一个数学题，是一幅画：“大桥上行驶着大汽车，大汽车正上方是飞机，大汽车后面跟着小车。问：小汽车在飞机的______。”小熊填了“后方、下方”，老师给了个叉，因为标准答案是“下方”。老师后来解释，说这是“最佳答案”。

还有一次，题目是一堆图形归类，有一个图形是“墨水瓶盒子”，可能是因为印刷质量或者绘图者粗心，这个“墨水瓶盒子”的高比长、宽多了一些。小熊看了半天，还用刻度尺量了，把它归入长方体，说“它是立起来的长方体”。可是第二天又得了一个“叉”。他告诉我老师的解释和答案是“墨水瓶盒子是立方体”。

昨天数学老师布置的家庭作业是“自主选”。小熊骑着单车跑出去找了好几家店，淘到了一本“一年级数学全练习”，硬是做了一页。

在兴趣课上，我可以鼓励他向老师提出不同见解。可是面对文化课的“正确答案”，面对学校集体教育的“标准化”，我可以鼓励他挑战吗？他要做“自主”作业，我能鼓励他不做吗？

纠结。

最纠结的是考试分数。

前段时间，小熊语文单元考试89分。在我小时候，这可是个高分；在他们班里，这可是中不溜。我们一向不严抓他的学习，如果从小学习压力太大，我们担心他过早地厌学，也担心“爆发”太早，后续的学习能力上不来。不是有个10000小时理论吗？说是人一生学习时间是10000小时，如果透支了，中学大学乃至往后，学习时间就减少了。上期末考试之后，他说“想错都难”，结果语数都不是满分。我们从内心没觉得这算个事。

可这89分的试卷，分数跌出有点多。我仔细看了他错的地方，一处是要求在表示颜色的词语下划线，结果他在整个句子下划线；一处是在“泉水”后补充词语，应该在两个空格分别写上“丁冬”两个字，结果他在一个空格中就写了这两个字；有一处应该写“地”，结果他写了“的”……是啊，每一处，都反映出他掌握得不准确、看题不仔细，都是该扣分的……

更加纠结的来了。就是因为这个89分，和小熊妈妈开展了讨论：怎么办？

要提高分数，很简单：多练习。小熊妈妈是当老师的，我也曾经是中学老师，太清楚怎么提高分数了，简直手到擒来。可是，那样一来，小熊的自由时间会少了很多。值吗？才一年级啊。

但是，如果我们无视这个分数，会不会让小熊觉得分数根本就不重要，从而不看重学习呢？时间久了老是分数不高，老是比别的同学分数低，会不会让他自甘平庸（尽管绝大多数都是平庸的），觉得自己本来就比不上别人，分数低是理所当然的呢？

纠结归纠结，我们不自觉地有了改变：陪他做作业的时间多了。在以前，所有作业，包括听写生字背诵课文，都是他独自搞定，我们只负责签字。现在，周末，我们开始先弄完作业再出去玩了……

教育，多么像高速飞驰的“考试列车”，只要一接近，就不可避免被吸引。

随着年龄增长，他那些闪光的、那些我们大人制作不出来的奇思妙想奇言妙语呢，还会那么源源不断自由生长吗？

用分数来评价人，尤其是小学生，是多么地冷漠！多么地粗暴！多么地无聊！多么地残忍！

可是，在充满了各种考试的高压语境之下，谁能完全无视分数？谁敢？

在流水线下，模具化的教育，教育界津津乐道的“量化”，被奉为“北大清华生”孵化圣地的某中学，甚至连吃饭洗脸都精确到分钟，道德评价也被极致量化。

分数！分数！分数！至于创造性，至于学习能力，被分数淹没得打击得莫辨雌雄了。

一俊遮百丑……

一切习以为常。

分数效应衍生到日常生活中：每到临近期末，长辈们见面的话大多变成

“小熊，考到100分我奖你50元”“小熊，考了双百分吧！？”我往往不敢接茬。没有100分，我心里满是不安，脸上布满惭愧：你你你，怎么带孩子的？

郑渊洁可以让孩子不接受学校教育。新闻中也经常看到有“家长自教联盟”。可我再怎么样也不敢不让孩子去学校。

就这样被你征服，就这样被分数绑架，和孩子一起为分数喜为分数忧。

谁敢完全无视分数？

我大声说：我不敢！

卷七 · 我的梦

欧语录 >>>

◎ 我昨天梦见我的小车子从小窗口爬进去了，可我过不去。（3岁）

◎ 我梦见我会骑两个轮子的单车了，后面没有小轮子的。（3岁）

◎ 爸，我昨天梦见和你一起坐905公交车啊，好有意思的，进去的那个门跟我房间的衣柜门一样。（3岁）

◎ 我做了一个和以前一样的梦，可是我不记得了。（5岁）

◎ ——小熊，昨天晚上做了什么梦啊？

——昨天晚上根本就没有时间做梦，一上床就睡着了。（5岁）

◎ 爸，我又梦见同一只小蜜蜂，有四五次了。（6岁）

◎ 爸，我梦见我得到了100个钥匙扣（昨天老师奖励了他钥匙扣）。（6岁）

◎ 爸，我梦见我在奥运会跳水得了第一名，你得了羽毛球的第一名。（6岁）

◎ ——崽崽，你刚才做梦在笑什么啊？

——嗯……我梦见我可以吃300个冰淇淋都不会生病。

——啊？那么开心啊？

——是啊，可是我才吃到99个，你就在叫我了。（6岁）

◎ 我梦见还在岳麓山玩，就感觉到你来叫我起床。（7岁）

◎ ——爸，我梦见宇宙黑洞被我找到了。

——噢？黑洞里有些什么？

——什么都没有，全部是空空的。（7岁）

孩子认识这个世界的过程，充满了奇幻色彩。

很多不可预料的情境，极其偶然地催生了他认知的嫩芽。

内心的“金钟罩”（上）

（9岁）“小熊，又有一支新钢笔啊？是别人送给你的吗？”

“是啊，早就有了。我买的啊，不信，你去问我的同桌嚯……对了，就是开学那天，老妈跟我一起去买的。不信你问老妈嚯。”

“哦，好的，好的。我才不要问他们呢，你跟我说了就可以了。”我心里嘀咕了一下，这家伙，什么思路？怎么感觉有点我不太相信他？是我过于严苛导致他敏感？还是我的问话内容、语气有问题？

“老爸是觉得，你买的钢笔够多的，要爱惜。老爸小时候，一支钢笔可以写几年。钢笔坏了当然要买，但是要爱惜，浪费就太可惜了。知道吗？我们家一贯反对浪费。还有啊，你自己做的事情，不需要别人来证明，只要自己确定就可以了。老爸不会、也没有必要去问任何人。你的事情，就只问你，知道吗？”

“哦——，知道了。”

“妈，我语文92.5分。老师看错一个，要不就是94.5分。”小熊语气中充满懊恼沮丧。

“没事呢。只要你自己掌握了，就可以了，考试分数高低不无所谓？”

“那可不是？我们学习小组里面有同学嘲笑我：切——，熊一欧也有考这么低分的时候。”

“没事没事，以后考好一点就不怕他们说了。”

“哦——，知道了。”

可是，感觉得出来，懊恼沮丧没有明显减轻。

班级篮球联赛。他们班第一节就被对手灌了个7:0。

对手有个前锋14号，超级威猛：抢板，运球，一路势如破竹，从后场带到前场篮下，三步、擦板、勾手甚至后仰都会，运球突破的背后运球和胯下运球十分熟练。球一到14号手上，他简直如入无人之境，经常到了三分圈就甩开防守队员一大截。

这是对方最大的基本也是唯一的火力点。

比赛分三节，第二节两队必须全部换人，第三节再组合新的阵容。

双方第二节都比较菜。

小熊是足球队长，在篮球队是板凳队员。凭我对比赛的观察和对队员的现场了解，小熊的得分能力不强，而体能、力量、身高、经验、卡位等方面足以限制住14号。前面两节我没有参与，为了不输得太难看，征得班主任同意后，我第三节排上了临时组建的“明星阵容”，小熊司职后卫。我面授机宜：“卡住14号进攻路线，不要让他轻易出手，关键时候犯规。其他你都不要管。”

比赛开始，篮球明星14号在足球队长的照顾下，全面哑火：除了进攻时被小熊犯规导致两罚两中，14号颗粒无收。虽然最终比赛失败，但是小熊很好地完成了压制14号的任务，还有两次漂亮的抢断，一次断球长途奔袭。

可是，小熊回家时无比沮丧地告诉我，几个同学对他挖苦不已：“熊一欧，你是足球队的，打篮球你去干嘛？用脚踢吗？”“熊一欧，你在场上就只知道犯规！”

得到这样的反馈，我有点意外：“你们班篮球实力本来就比不上对手，输是必然的。但是，你防住了14号，对不对？第一节，他得了7分，第三节他只得了2分，是吧？”

“是的。他们又不懂。”他的语气里的悻悻然，沮丧感，浓得难以化解。

我努力帮他化解：“你觉得他们嘲笑你是不是对的？”

“不对。”

“你嘲笑过别人吗？”

“……很少，偶尔有过。”小熊语气犹豫。

“被人嘲笑是不是很难受啊？以后，不准嘲笑别人，好不好？”

“嗯。好的。”听他语气，似乎回答得很走心。

我还补上一句：“嘲笑你的那些人，根本就不懂篮球比赛。你们还是小学生，对篮球懂得本来就不多，这是没有办法的。嘲笑者，往往是自己的幼稚、无知，知道吗？”

“嗯，知道了。”

“那么，你在被别人嘲笑的时候，你根本就不需要在意，知道吗？”

“嗯——，知——道——了——。”依然是化不开的沮丧，只是稍微被掩盖起来了。

沮丧也是难免，明明很卖力，明明很有效，还要被嘲笑，谁能那么洒脱？

尽管小学生的嘲笑说不上“善意、恶意”，但是被嘲笑者也是小学生，“童意的嘲笑”就是真实的嘲笑。

我想，小熊随着年龄的增长，以后会很少直至做到不嘲笑任何人，但“不被理解”“被讽刺、被嘲笑”都难免海量存在。

我一时间也没有好的办法去排解他的沮丧。

我要怎么样继续努力，助他在内心打造江湖“功夫谱”中排名靠前的“金钟罩”“铁布衫”？（未完待续）

内心的“金钟罩”（下）

（9岁）周末，小熊还没起床，我在床头跟他闲聊。这个时候，节奏不紧张案牍不劳形，是跟他谈心的最佳时间。

“小熊，我跟你讲个笑话。”我们的谈心经常以笑话开头。

“好啊好啊。”小熊向来喜欢我讲的笑话。

教授与农民的PK

“你觉得农民和教授谁懂的知识多？谁更厉害？”

“教授，读书多，更厉害。”小熊不假思索。

“好吧——”我拿起讲故事的架势，“高铁上，教授跟农民正好坐在一排。教授衣冠楚楚意气风发，农民风尘仆仆疲惫憔悴。满腹经纶的教授各种看不起大字不识一箩筐的农民，觉得跟农民坐在同一排特不爽，就想捉弄一下农民：‘师傅，你读书不多吧？你问我一个问题，我答不出的话我给你500元；我问你一个问题，你答不出的话就给我20元。敢不敢？’农民说‘好’。”

讲到这里，我问：“小熊，你觉得农民有可能赢吗？”

“应该不可能吧。”

我继续说：“教授问：‘你知道地球到月亮的距离吗？’农民说不知道，

乖乖从口袋里拿出20元，递给教授，接着问了教授一个问题：‘什么动物上山的时候四条腿，下山的时候三条腿？’教授一下子懵圈，乖乖地掏出500元，给农民。”

我顿了顿，问小熊：“你知道这是什么动物吗？”

小熊想了很久：“是不是受伤了的动物？”

我继续：“教授想了很久，实在找不到答案。农民捏着500元坐在那里默不作声。高铁到站了，即将下车，教授憋不住问农民‘什么动物上山的时候四条腿，下山的时候三条腿？’农民啥也不说，默默地从口袋里又掏出20元，递给教授，然后高兴地把那500元钱揣兜里下车走了。剩下教授，继续懵圈。”

小熊也懵了一下，然后乐不可支地笑了：“农民也不知道这种动物？根本就没有这种动物，对不对？”

我也笑着说：“对啊。你说，教授和农民，谁更厉害？”

“啊？这个——没法比了。”

“是的，没法比。那你说，教授看不起农民，嘲弄农民，对不对？”

“不对。”

“那农民看不起教授可以吗？”

“也不行。”

“是的。农民和教授，各有自己的特长，他们没有权力看不起对方。教授嘲弄别人最后自己吃亏。结论：不要嘲笑别人。我再跟你讲个故事吧，也是关于两个教授的。”

“好啊好啊。”小熊兴致高涨。

教授比赛吃狗屎

又是说教授，读者中间当教授的千万别在意，更不要对号入座，好像这是

要怎么样继续努力，

助孩子在内心打造江湖“功夫谱”中排名靠前的

“金钟罩”“铁布衫”？

厉以宁先生讲过的故事，我改装一下。在小熊心目中，教授是知识的高峰。我假教授之名说事，只是为了叙述方便，并形成反差，容易抓住小听众的心。

“张教授是应用派，学问很深，赚了很多钱，是个大老板；李教授是理论派，学问很深，除了工资，没赚到什么钱。他俩是同学，是经济学家厉以宁先生的弟子，但是互相鄙视，经常怼。张教授觉得李教授是个学究，书呆子；李教授觉得张教授是个商人，功利心。”

介绍完背景，我开始把小熊代入情境：“小熊，你觉得他俩谁更厉害？你更佩服谁？”

“不好说。都厉害。”

“有一天，他俩一起在岳麓山散步。看到前面草地上有一坨狗屎。张教授轻蔑地说：‘穷光蛋，把这坨狗屎吃了，我立马转给你5000万元。’李教授二话没说把狗屎吃了。张教授目瞪口呆，拿出手机转了5000万到李教授账上。”

小熊听到这些，尽管知道是个笑话，还是觉得不可思议，笑呵呵的：“啊？怎么可能？”

我往下说：“他们往前走。张教授后悔了：平白无故少了5000万，心好疼。李教授也后悔了：拿了这5000万，日子还是这样过，狗屎太恶心。这时候，他们看到草丛里又有一坨狗屎。李教授说：‘暴发户，那么嘚瑟？把那坨狗屎吃了，我也给你5000万。’张教授貌似求之不得，迫不及待三下五除二就把狗屎吃了。李教授拿出手机，刷刷刷把那5000万转给了张教授。刚转完账，他俩突然抱头痛哭：‘我们怎么那么傻啊？无缘无故，每人都吃了一坨狗屎。’”听到这里，小熊已经笑得掀枕头捶床板稀里哗啦上气不接下气直呼“哎哟哎哟肚子疼”了。

等他好不容易止住笑，我开始观点贩卖：“小熊，这两个故事里面的教授，为什么那么滑稽？”

“不知道。”

“就是他们自以为超级无敌，就去鄙视、嘲弄别人，自食其果。现实中，没有谁比谁差多少，任何人，都有自己的长处，任何人，都有自己的短板。所以嘲笑别人，是不对的，很浅薄，难免自取其辱，你说是不是？”

“是的。”

“哪怕别人在某一方面真的很迟钝，甚至智商有问题或者身体有缺陷，也不能嘲讽。命运对他们本来就不公，我们就更加要关心、帮助他们。你觉得呢？”

“是的。”小熊很认真地点了点头。“以后无论什么情况，都不要嘲笑别人，好不好？”

“好。”

“那我再跟你讲一个笑话？”

咬狗

“不嘲笑别人容易，但是我们难免被别人嘲笑，因为嘴巴长在别人身上。被嘲笑的时候，好烦躁的，是吧？”

“是啊。”小熊深有同感。

“笑话是这样的：有个幼儿园的小朋友，特别喜欢咬人，别人嘲笑他或者惹他的时候，他就要咬别人一口。有次有只狗狗咬了他一下，你猜……”

小熊的兴致跟着情节转，笑点马上就要引爆了：“怎么啦？”

我煞有介事绘声绘色：“小朋友冲过去就咬了狗狗一口。结果，你知道的……噗噗噗，一嘴的狗毛。”

“人咬狗啊？啊哈哈哈……”小熊早笑得从床上蹦起来，夸张地趴到地板上，捶地大笑。

“其实，仔细想想，嘲笑一般没有什么恶意，大家都只是好玩而已。尤其是小朋友之间，过后就忘记了。一笑了之，不去细究就好。”等他笑够了，我做起了淡化工作，“老爸就被人嘲笑过。比如打篮球，我没学过，动作很别扭，队友说我三步上篮就是扭秧歌，还有人说我凌波微步，还有人说我跳舞。那有什么呢？大家都觉得好玩好笑，那就玩一玩笑一笑呗，我打球不就是为了锻炼身体吗？小熊，随着你年龄的增长，慢慢地你就对嘲笑也会毫不在意了。”

“噢，知道了。”听说老爸也被别人嘲笑，小伙子的心结似乎解开了许多。笑了这么久，心头晴空万里。

我继续灌“鸡汤”，“被嘲笑，一笑了之莫在意，千万不要生气，更无需报复。一报复，那无异于咬一口狗毛。这很难做到，需要内心十分强大。”

“金钟罩”修炼秘笈

小熊的注意力完全集中在我的说辞上，我切换到他喜欢的答题模式：“A家财万贯。B身体强健。C知识渊博。D内心强大。哪一项最重要？”

小熊选了“D”，思考了一下，还勉强说出了3个理由：“身体特别强健的人一般情绪容易失控；知识特别渊博的人一般喜欢犹豫……反正我选D，内心强大的人能够面对任何挫折和困难。”

“我赞成。但是理由有一点不同：财产嘛，衣食无忧日常够用即可；健康嘛，谁都无法抵挡衰老；知识嘛，谁也不可能包罗万象；只有内心强大，无论什么时候，都能立于不败之地。”我说。

小熊表示同意，他懂了多少，无从确定。

我问：“怎么样才能做到内心强大呢？”

他说不上来。

我的说教继续：“‘知道自己要什么、知道自己要怎么做、知道自己在做什么’。做到这三知道，内心就会很强大。比如篮球赛上，你要做的是压制14号；阻挡、卡位甚至必要的犯规，就是你的方法；你在做的，就是全力以赴。明白了这些，别人说什么都无所谓，是不是？”

小熊表示认同：“那些人根本不晓得打球，他们上场绝对跟不上14号。跟他们说也没用。”

昨天，圈里发了上一篇文章之后，以前的一个学生、现在南华大学的老师晓斌辗转找到我的电话，和我聊了半个多小时。他讲得很对，观点跟我不谋而合，比我考虑得更到位。下班回家后，我马上择要转告小熊：“内心强大，一定要对某一行业‘很懂’。足坛巨星齐达内，囊括了三次世界杯足球先生，获得1998年欧洲杯金球奖，帮助法国队夺得世界杯冠军和欧洲杯冠军，退役以后又成为皇家马德里足球俱乐部的主教练。很少有球员能做主教练的，他不只是在踢球，而是在认真研究足球。从他的经历来看，他对足球很认真，个人技术好，赛场组织到位，退役后能当主教练，他‘很懂’足球。”

我告诉小熊：“只有‘很懂’，在收获赞誉时，才不会飘飘然；在面对嘲讽时，才不会悻悻然；在遭遇低谷时，才不会惶惶然。因为‘很懂’，在任何时候都清醒地‘知道自己到底要什么，要怎么做，在做什么’。也就是说，内心的强大，来源于‘很懂’。”

这一番见解，远胜于我杜撰几个笑话熬制的“心灵鸡汤”。

当然，寓教于乐，我只是用笑话来黏住小熊的注意力，如同当年我还是高中英语老师时，上课前跟学生大侃诗歌、对联、球赛、音乐、笑话……吸引住学生的注意力，然后猛讲英语语法、词汇、阅读。

怎样成为大人物

（8岁）小孩子认识这个世界的过程，充满了奇幻色彩。很多不可预料的情境，极其偶然地催生了他认知的嫩芽。小熊的语境，不知什么时间开始掺杂一些很大的词汇。

5岁半的时候，他在舅舅家附近看到一个道路涵洞的自然坍塌过程，很惊悚。小熊和轩哥热议了好久，大概说到有人经过可能掉下去的问题，他突然蹦出一句："这件事，宁乡县政府要负责的。"

还有一次，那是上一年级了，小熊跟我闲聊："老爸，我的数学是班上最厉害的。""你怎么知道的？你自己觉得的吗？""是广大民众选的。""广大民众？是哪些人啊？""我们很多人啊。"

"宁乡县政府""民众"让我咂舌了好一阵。

前段时间，在带他去踢足球的路上，小熊又有惊人之问。

"老爸，我们国家的领导人都有哪些人当过啊？"

我一个个跟他列举了。

哦，估计是这样，舅舅家在花明楼，离韶山也近，我们经常带他到伟人故里参观，他在这过程中看到了很多吧。

"我们的国家主席里面，习大大是很厉害的吧？"

小熊的“职业理想购物车”里，已经放了好多货品了：

开406或者703路公交车、火车、飞机、宇宙飞船，

当科学家，当钢琴家，当老板，如今似乎又要加上一个当大人物。

“是啊是啊！”

“老爸，我跟习大大还有一个相同点。”

“哦？是吗？是什么呢？”

“我和他都喜欢足球！”

“哦，是的！我还真没有想到。”

“老爸，要怎么样才能成为他们那样的大人物呢？”

“呃，这个嘛，首先要有一个强健的体魄，你看他们每天都要做好多好多事情。然后呢，必须各方面都要很优秀，要学好本领……”我真的只能语焉不详，基本是以其昏昏使其昭昭。他好似懂了。幸亏他也没有揪住这个问题不放了。不过后来，我给他找了些资料看了一下。

过了好长一段时间，我问他：“小熊，要怎么样才能成为大人物呢？”

他说：“就是要从最小的搞起，一步一步做大？”“什么意思啊？”“就是先做社区的，然后街道，再做市里面的……从小到大。”这个问题我还真的没有搞明白，但他的语气表明是“真的”懂了。记得蓉姐大概也在他这个年纪认真问过我：“到底要怎么样才能学习成绩好啊？”我当时回答她：“很简单，就是每天放学后第一件事情把作业做好就可以了。”后来蓉姐的成绩果然很好。这个时候是不是可塑性最强的时候自我觉醒最好的时候呢？

小熊的“职业理想购物车”里，已经放了好多货品了：开406或者703路公交车、火车、飞机、宇宙飞船，当科学家，当钢琴家，当老板，如今似乎又要加上一个当大人物。

芳姐问小熊：“小熊，你长大到底想做什么呢？开公交车的工资可不够高哦，你不是还要给你老爸老妈买宝马奔驰吗？”

我赶紧告诉小熊：“你要是当老板，就给老爸老妈买车；你要是当科学家，当领导，老爸老妈就不要你买车了，好吗？”按照现有的形势分析，当官就别想赚钱的事了；当科学家呢，也别去想赚钱，省心。

小熊的回答可是“不忘初心”：“我……退休以后再去开406好了。”言下之意，是挣很多钱，兑现承诺给老爸老妈买奔驰宝马，然后再去实现自己的“小目标”。克己成人的意思呀。

崽吔，有愿望是多么好的事情。退而求其次，欲乎上者得乎中，假如当不了大人物，弄个省委常委啥的当当，老爸也蛮高兴的了。人说“一流家长当榜样”，偶是做不了榜样，自觉跻身你的粉丝团算了。想当年老爸计划30岁当个县长玩玩，县长没有当成，不也在33岁那年晋升为家长了吗？当然特别鸣谢你和你老妈了，家长也是长啊。要知道，家是最小国啊！

网传马云那外星家伙曰：“梦想还是要有的。万一实现了呢！”

环境保护倡议书

熊一欧（7岁）

以前的家乡空气不好，经常见不到蓝天白云，无论如何呼吁人们低碳出行也没有用。直到2045年，众多国家陆续颁布一条法律：任何人对环境保护都有不可推卸的责任。

第一则：关于购买新能源车。

原车主自主报废并购买新能源车的，享原车购价的百分之五十。

不购买的，每年最多行驶100次，低碳补贴将会消失。

十年以上的老旧车必须报废。

第二则：1. 大力推广新能源车。因为技术成熟，安全系数高，成本低，舒适程度高并且实用，应该受到广大车主的青睐。

2. 推广植树。为了保持生态平衡，每年3-4月为法定植树月。在这期间，每人必须植10棵树。未成年人须在家长的陪同下进行植树。

3. 政府尽全力关停所有违法工厂。

4. 保持生态平衡。

第三则：世界卫生组织发出“每人保护一只野生动物，我们共同的家园就会变得更美丽”的口号。并且把世界森林覆盖面积达到百分之五十以上。

我希望这颗蓝色的星球不要再遭到人类的破坏。

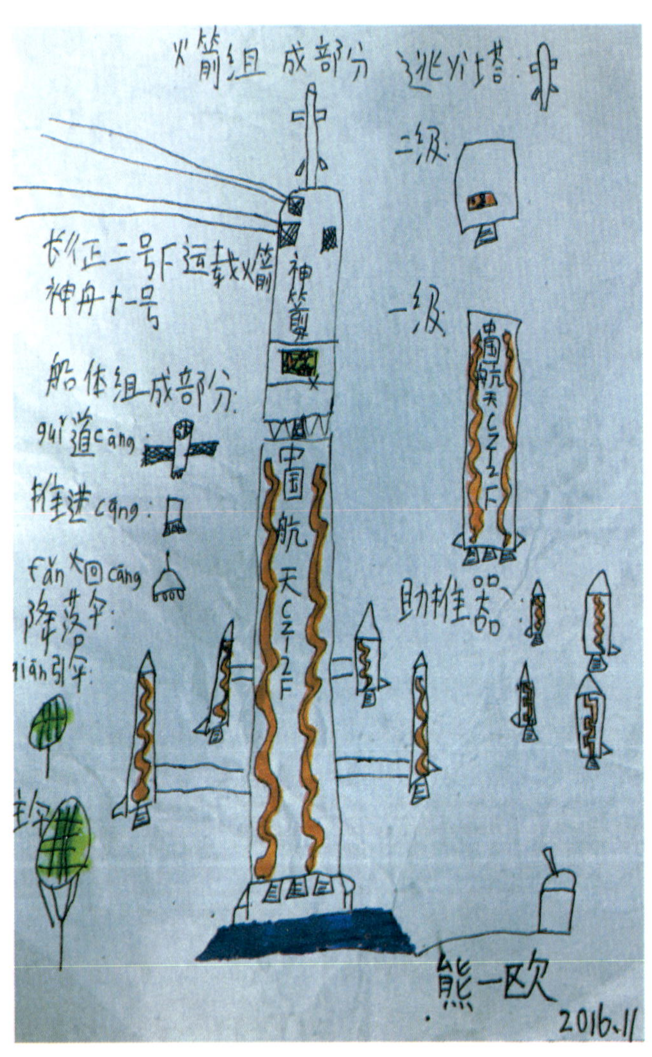

“我看到一张纸，反正也没事，就随手画了这个。”

一次民航嘉奖

熊一欧（9岁）

我，一名民航机长，驾驶的是中国国际航空波音777-300YR型飞机，航班号为CA3003。

我看了看日程表，由北京首都国际机场飞往广州白云机场，备降机场为长沙黄花机场。

这时，塔台说道："CA3003，进入10号跑道，航向113，频率119.9。"

我回答："收到。"

这时，我命令道："启动两发！"然后驶进了跑道。塔台说："CA3003，允许起飞。"

我回答："明白！"然后我就起飞了。上升到30090公尺，就在这时，一个窗户毫无预兆地出现裂痕，我和副机长都知道，它一旦碎裂，就会机毁人亡。于是我向塔台报告："CA3003发生窗户裂痕，请求下降到12900公尺，备降长沙机场。"塔台说："同意。"于是我下降了。

就在这时，一个发动机突然停车了。我向塔台报告说："CA3003单发停车，请求迫降长沙机场并净空。"塔台说："同意。频率请调110.88。"我通知乘客做好迫降的准备，然后建立了盲降，并迫降成功了。

事后，我机队受到了民航局的嘉奖。

我醒来了，还在回想那个梦。

卷八·心里话

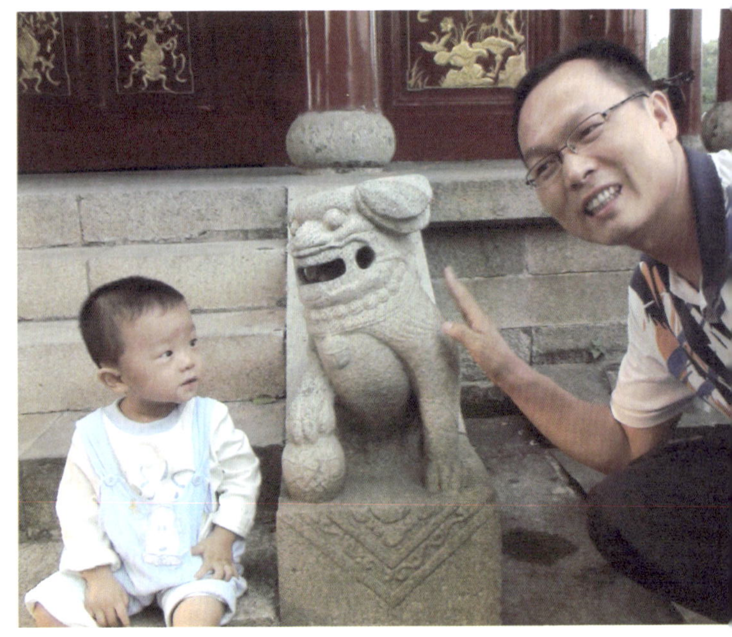

3岁的世界

◎哈，好多人啊。堵车一样的，哦，堵人了吡！

◎夏（下）天穿裙子，那上天穿什么呢？

◎爸爸，李叔叔是熟人啊？那，我熟了吗？

◎我就一个名堂还多什么多？

◎我星期六、星期天起床一点都不冷，星期一到星期五起床都冷！

◎我只想把星期天变成星期六！因为星期六过了还有星期天，可是星期天过了就是星期一了。

◎妈妈，我吃饱了吗？

4岁的发现

◎鸡下鸡蛋，鸭下鸭蛋，鸟下鸟蛋，飞机也下蛋——飞机下的是炸蛋。只要是天上飞的都下蛋。炸弹谁敢吃啊？哈哈哈哈……

◎妈妈，裤子好难脱，快点帮我扯一下裤袖子！

◎爸爸，你以为我发不现吧？我早就发现了耶。

◎藕片，很容易做的，就是切开以后，再搞几个洞洞，就可以了！

◎“把你捧在手掌……这不是如来佛吧？”小熊哼着《爱的供养》，突然说了一句，“不会在手上尿尿吧？”

◎“我觉得这个世界在移动。”小熊在草地奔跑转圈后说。

5岁的乐趣

◎爸爸，水比头发要重。梳头发时，头发一沾上水，就沉下来了。

◎石头烧着烧着就会变成灰。

◎我的姐群里面，芳姐最大……一群的群啊，我不是有很多姐姐吗？

◎小熊妈妈不会用打气筒，拆了个七零八落。我下班后帮忙重新组装。“妈妈，你来一下。”小熊笑呵呵地拖着妈妈来到我面前，“妈妈，在我们家你不说你是最能干吗？你把打气筒修好啊！”

◎——爸爸，你知道长沙公交车的站吗？

——不知道。你知道吗？

——我知道一些，但是还有很多没有坐过。145啦，110啦……

——好啊，下次有时间去坐。

——你知道长沙火车有哪些站点吗？

——这个我真不知道。你告诉我撒。

——不告诉你，气死你！（哈哈，学的是奇志大兵的台词语气哦。）

◎——爸爸，盗版是不是就是假的？

——呃，也不是……

——那盗版是什么意思啊？

——盗版就是有人做了一个东西，别人就学着模仿着做……

——那现在的雷锋是不是都是盗版啊？雷锋不是只有一个吗？

◎——小熊，这个只有一点点辣，你试一下。说了，一点点辣没事吧？

——有事，有事嘞……（小熊吐着舌头大声说。）

6岁的自我

◎——“99座山上有99棵树上有99只鸟……然后是什么？小熊，然后是什么？告诉妈妈，妈妈不知道。”周日，一大早，妈妈想叫小熊起床。小熊还在睡觉，似乎没有醒来。妈妈还在说，凑在小熊耳边。如是者三。

——“自己看书去！”突然，小熊极不耐烦地大声说，声音清楚，不像没睡醒的样子，充满气恼。

◎——爸爸，你有没有想过开店赚钱？

——啊？木有。你呢？

——我想过。要开就开个横店。

——什么店？

——一横的横，是那个字，不是那个笔画，浙江横店。

◎爸爸，10个一千就是一万。

◎妈，回家的路，每走一步就少了一步，是不是？

◎——姨爸，等我家买了越野车，你不会来借吧？

——啊？我肯定来借啊。你怎么知道呢？

——呵呵，我就知道了，我看到你经常借别人的越野车。

◎—— 小熊，你理光头了？额头上怎么没理呢？（幼儿园曹老师）

——那是眉毛。

——不是，眉毛上面，有绒毛。

——呃……如果那里理光了，以后也会长头发，就不好看了。

◎爸，明天会下热水雨，天气预报说明天气温比较高，是雨天。

◎——小熊，为什么每次问你左转还是右转时，你总是抬起手腕看看？

——呵呵，我的左手背上有颗小黑痣，我看到小黑痣就知道哪边是左边。

◎——妈，有东南、西北、东北、西南方向，没有北南和东西吧？

—— 是的。但是我们家有个人叫小东西。

——哈哈，我是说方向呢。

◎爸，我们国家有条黄河，还有一条河叫红河。

◎——老爸，你知道火箭为什么能跑那么快吗？

——怎么呢？

——因为他屁股被点着了。

◎——老爸，地球上什么地方没有重力？

——这个嘛……我一时想不起来，你告诉我撒！

——地核。我也是在书上看的。其实，我觉得还有一个地方也没有重力。

——什么地方呢？

——水中。因为水有浮力，抵消了。

◎——小熊，你是怎么记住爸爸的车牌号码的？

——很容易啦，93E41呀，93，就是加93号汽油；E4，我的学号14 ；1，所有的数字的第一个。

◎—— 小熊，用两个字形容你看到的焰火，你会怎么说？

——浪漫！

——假如用一个字呢？

——哇！……或者是：美！

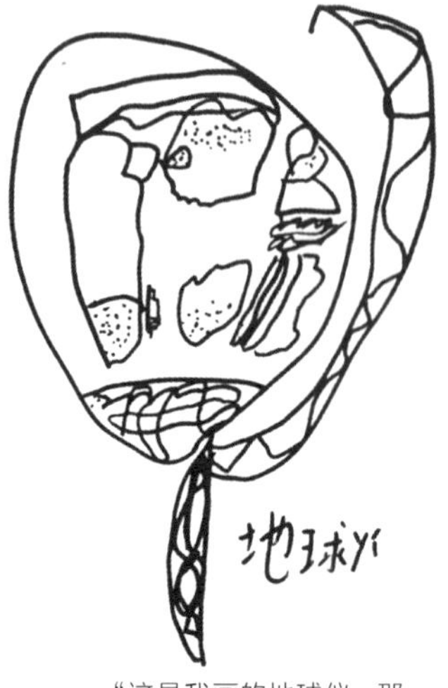

“这是我画的地球仪，那些小国家我就没画了。”

7岁的关注

◎今天早上好冷，我冷冷地走到学校。

◎——小熊，我看你全是优点，你有缺点吗（戴阿姨问他）？

——当然有。每个人都有缺点。

——你的缺点是什么？

——你自己找嘛。

——我找不到怎么办？

——那你去问佛嘛。

◎——老爸，只要口感很不好的时候，都可以喝水。

—— 什么意思？

—— 就是，感觉到很苦，很辣，很咸的时候可以喝水，很油腻，很干，超级淡的时候，也可以喝水。

◎爸，我做的这个空间站和书上的不一样。没事，就叫未来空间站吧。

◎这是我画的地球仪。那些小的国家就没有画了。

◎以后到香港工作就可以了，因为那里还是属于中国。

8岁的精彩

◎老爸，我身体的某个部位要呕一下（上大号的熊氏婉约表达法）。

◎——老爸，周鸥颖肯定没有仔细看《长征》。

——为什么呢？

——她说《长征》里面有一个什么姓伍的，可是不记得名字。

—— 哦，谁啊？

——不就是伍修权吗？出现了那么多次都不记得，绝对没有仔细看啰。

◎看到一张白纸，我随手写下了这些东东。

◎电影《百团大战》，彭大将军说："不管参战的是多少个团，就叫做'百团大战'。"这时，看得入神的小熊偏过头来告诉我："《八路军战史》和《刘伯承》书里面都有这句话！"

◎老爸，以后我有事的话，我就不陪你们去宁乡。

◎——小熊，你说我很蠢，你是不是遗传了我呢？

——没有。我已经自我进化了，嘿嘿！

◎——小熊，别玩飞机了，睡觉！

——还没到达机场……而且，到机场上空还要盘旋两圈。

——小熊，你的飞机别到我的房间啰。以后只能在你自己的房间飞。

——不行。

——为什么？

——我自己的房间只有军用机场和迫降机场。

9岁的思考

◎——老爸，我发现一个规律。

——什么呢？

——一般家庭条件好的，成绩就一般啦。成绩好的，一般家里不怎么样。

——哦，你是成绩好的吗？

——我当然是啦。

——嗯。你在班上是穷的吗？

——不算。中等吧。

◎——起床了，小熊！

——10、9、8、7……

——干嘛?

——起床倒计时。6、5、4、3、2……1.5……爆炸！发射失败，重起。10、9、8、7……

——不行，耍赖!

——不会，这次一定要成功。6、5、4、3、2、1、0，发射成功。起床。

◎——老爸，问你一个问题，很简单，但是也要想清楚才能回答出来。

——很简单就别问我啦。我喜欢复杂的问题。

——切~，那就不简单，好不？在1.05马赫的宇宙飞船上发出的X光，速度是多少?

◎——小熊，《长征》和《地球的红飘带》有什么不同?

——《长征》是写的大事件，《地球的红飘带》写的是细节，好像我都喜欢看。（《长》是历史，歪果仁写的；《地》是小说，魏巍写的。）

◎老爸，地球上的空气会不会越来越多?

10岁的改变

◎——小熊，等下晚餐，方案一：去吃肯德基？ 方案二：我给你做！你选什么?

——方案二。

◎怎么给我啊？老爸？你自己吃啊。

（说着，还不由分说推回我递过蟹肉的手。）

◎老爸，宇航员首先必须是飞行员吧?

◎老爸，我现在心目中的排名，第一特种兵，第二空军，第三海军。

◎老爸，习近平的讲话都是重要讲话啊？也有不重要的吗?

◎——老爸，我学会太极5章了。一节课，准确地说是半节课学会。

——你接受能力很强啊，是吧？

——是的。我给你打一遍，好不好？

——我好想看。但你还在吃饭哎，我现在要带奶奶去看病，回来再看吧。

——你确定不看？很快的呢！

——好吧。但是你不要发力好不好，因为你还在吃饭。

◎老爸，我画了个火车头，你看，出站口这里，嘻嘻，这是广告牌，我还打了个广告。看到没？

◎——爸，《里皮》看完了，图书馆借的书都看完了。你的王树增的《长征》先借给我来看？

——我还没有看完呢。你挑战一下《曾国藩》？唐浩明写的，晚清中兴第一名臣，湖南人。看完书我们哪天去看看他故居。

——好的。

……

——一开始有点看不懂，尤其是那些奏折和对话。我发现慢慢地看还是没有问题的，我只能很慢很仔细地看。

好的，孩子，慢慢地读吧。
往后日子，还有许多许多精彩篇章，
都在等着你慢慢品读……

不论贫富，都要让孩子在充满爱的环境里成长，任何时候都感受到被爱，也学会去爱人，去爱这个世界，去“痴迷地生活（刘怀彧语）”，任何时候都明白在家庭、集体、社会的角色与责任，用因“爱”而内生的力量不挠不懈地去探索、去学习、去强大自己，去贪婪地拥抱生活、承担责任、创造价值。

让你知道我爱你　后记

前几年流行一个观点：男孩穷养，女孩富养。我一直不甚了然：穷人的男孩穷养，穷人的女孩怎么富养？富人的男孩刻意穷养，他会不会问爸妈“到底爱不爱我”？

最近又有一个观点：男孩也要富养。说是穷养的男孩遇到富养的女孩，包括请女孩吃冰淇淋都搞不清高端品牌，而后各种囧、懵、不搭直至被嫌、弃。

我的个God呀，到底是穷养还是富养？穷孩子不识冰淇淋，谈个爱也撞墙。财主家的长工，就只能找仆人的女儿恋爱结婚生小长工了啊……

贫富本是相对而言，穷养富养又如何界定？如同不能强行让穷孩子得到富养，也不能刻意制造挫折困顿去欺骗富孩子。毕竟是孩子啊，万一太挫折太困顿而留下大面积心理阴影呢？

穷养富养，不如爱养。穷养富养，究其根源，都是爱养。爱是没有比较级的，不因贫富而有贵贱。不论贫富，都要让孩子在充满爱的环境里成长，任何时候都感受到被爱，也学会去爱人，去爱这个世界，去“痴迷地生活（刘怀彧语）”，任何时候都明白在家庭、集体、社会的角色与责任，用因“爱”而内生的力量不挠不懈地去探索、去学习、去强大自己，去贪婪地拥抱生活、承担责任、创造价值。

在孩子不同的年龄段，我都很正式地问过：“你觉得幸福吗？你觉得爸、妈爱你吗？你爱不爱爸、妈？”孩子的回答都很肯定，我还要强化一下：是，你的感觉很对。

我们常以含蓄为美，建筑讲究藏风聚气九曲回廊，诗歌里有专门的婉约派朦胧诗。尤其是感情，尤其是爱，更讲究“暗恋人人有，不露是高手”。比如金庸小说里有个高手爱慕陈圆圆，默默在圆圆住所旁边种菜，只为能守在佳人之侧，运气好偶得远观即小酌以庆，可是他的爱除了自己始终谁也不知。真爱啊，内容为山九仞而形式近于零，“寂寞默默沉没沉入海”。如此深、厚、纯的内容，如此冷、酷、痛的形式，令人无限扼腕，无比唏嘘，又无上错愕。这是金老爷子用“多么痛的领悟”来警醒如我的众生吗？爱，只有真诚，情比金坚，不表达，无形式，缺乏仪式感，最终能握在手心的什么也没有。

爱是相通的，都无须掩饰，拒绝沉默。父爱如山，山有山的语言；母爱如海，海有海的丰盛。

父母与子女之间，感情的底色就是爱，明白晓畅可感可触，无条件，无处不在，无须猜测，更无须怀疑。如同山川河岳，疏可跑马密不透风；如同空气、阳光、雨露，充盈天地应时而生。

爱是相互的。爱你，就要让你知道；爱我，也要让我知道。

本书的源起，过程，指向，都是：让你知道我爱你。

本书得以出版，特别致谢广大空间网友的点击、点赞；特别致谢刘怀彧老师多年的指导、关怀；特别致谢江苏赛银投资控股有限公司董事长张祖斌先生赞赏有加慷慨相助；特别致谢幕后许多抬爱我的朋友的关切、支招！第一次出书，诸多不足，祈盼读者诸君包涵、指正！

熊小平

2017年12月15日

于长沙·泰禹家园

图书在版编目（CIP）数据

爱与快乐不可替代 / 熊小平，欧小平著 . — 长春：吉林文史出版社，2017.11

ISBN 978-7-5472-4606-1

Ⅰ . ①爱… Ⅱ . ①熊… ②欧… Ⅲ . ①散文集 – 中国 – 当代 Ⅳ . ①I267

中国版本图书馆 CIP 数据核字（2017）第 269210 号

爱与快乐不可替代

AI YU KUAILE BUKE TIDAI

熊爸带崽记第一辑

著　　者：熊小平　欧小平
责任编辑：李相梅
责任校对：田华
封面设计：王婷
出版发行：吉林文史出版社有限责任公司
地　　址：长春市人民大街 4646 号　0431-86037501
网　　址：http://www.jlws.com.cn
印　　刷：北京兴湘印务有限公司
开　　本：880mm x1230mm　1/32
印　　张：6
字　　数：120 千字
版　　次：2017 年 11 月第 1 版　2017 年 11 月第 1 次印刷
书　　号：ISBN 978-7-5472-4606-1
定　　价：29.80 元